Marketing estratégico y digital. COMM06

Eva Díaz San Emeterio

ic editorial

Marketing **estratégico y digital. COMM06**
© Eva Díaz San Emeterio

1ª Edición

© IC Editorial, 2024

Editado por: IC Editorial
c/ Cueva de Viera, 2, Local 3
Centro Negocios CADI
29200 Antequera (Málaga)
Teléfono: 952 70 60 04
Fax: 952 84 55 03
Correo electrónico: iceditorial@iceditorial.com
Internet: www.iceditorial.com

ISBN: 978-84-1184-466-6
Depósito Legal: MA 2635-2024

Impresión: PODiPrint
Impreso en Andalucía – España

Nota de la editorial: IC Editorial pertenece a Innovación y Cualificación S. L.

Especialidad formativa

Se entiende por especialidad formativa la agrupación de contenidos, competencias profesionales y especificaciones técnicas que responde a un conjunto de actividades de trabajo enmarcadas en una fase del proceso de producción y con funciones afines.

Las especialidades formativas de Uso General, Formación Complementaria, Formación Modular y las especialidades formativas dirigidas a la obtención de certificados de profesionalidad se incluyen en el Fichero de Especialidades del Servicio Público de Empleo Estatal para su gestión en todo el territorio nacional por cualquier Administración competente.

Las especialidades complementarias, pertenecen todas a la Familia profesional de Formación Complementaria (FCO) y tienen la consideración de formación transversal en áreas que se consideran prioritarias tanto en el marco de la Estrategia Europea para el Empleo y del Sistema Nacional de Empleo como en las directrices establecidas por la Unión Europea. Se consideran áreas prioritarias las relativas a tecnologías de la información y la comunicación, la prevención de riesgos laborales, la sensibilización en medio ambiente, la promoción de la igualdad, la orientación profesional y aquellas otras que se establezcan por la Administración competente.

Las especialidades de Certificado de profesionalidad tienen una duración especificada en su normativa reguladora.

En el resultado de la búsqueda, se muestran las unidades de competencia, todos los módulos formativos con su duración y las unidades formativas del certificado correspondiente, con su duración. Las horas del certificado, exclusivo de las especialidades de certificado de profesionalidad, con alta igual o superior a 2008, son las horas totales más las horas del módulo de Prácticas Profesionales no Laborales.

⮕ **Si la especialidad tiene unidades formativas,** las horas totales, presencial, distancia, teleformación serán igual a la suma de esas horas de las unidades formativas de los distintos módulos, sin que se repita ninguna Unidad formativa.

➲ **Si la especialidad no tiene unidades formativas,** las horas totales, presencial, distancia, teleformación serán igual a las sumas de esas horas de los módulos formativos, eliminando las horas de los módulos repetidos.

https://sede.sepe.gob.es/especialidadesformativas/RXBuscadorEFRED/BusquedaEspecialidades.do

(Fuente: Servicio Público de Empleo Estatal)

Unidad de Aprendizaje 3
Integración: *marketing on y off (marketing* digital).
El plan de *marketing*

1. Introducción   141
2. Caracterización del comportamiento digital del cliente   141
3. Desarrollo de un plan de *marketing*   172
4. Resumen   189
   Ejercicios de autoevaluación   195

Glosario   199

Bibliografía   201

Índice

Unidad de Aprendizaje 1
Fundamentos del *marketing* y su valor en la empresa

1. Introducción   11
2. Identificación de los conceptos básicos y evolución
   del *marketing*   11
3. Aproximación al *marketing* y los niveles
   de la dirección estratégica   21
4. Identificación del efecto de la digitalización
   en el *marketing*   30
5. Introducción a los conceptos de producto y servicio   38
6. Definición de las dinámicas derivadas del establecimiento
   de precios   55
7. Identificación de las posibilidades de los canales
   de distribución y venta   69
8. Establecimiento de los principios básicos
   de la comunicación a través del *marketing*   87
9. Resumen   96
   Ejercicios de autoevaluación   99

Unidad de Aprendizaje 2
Segmentación, posicionamiento y *branding*

1. Introducción   105
2. Aplicación de estrategias de segmentación
   y definición de público objetivo   105
3. Identificación de los principios básicos de posicionamiento
   y *branding*   119
4. Resumen   131
   Ejercicios de autoevaluación   135

OBJETIVOS GENERALES

Los objetivos generales del **COMM06.** *Marketing* **estratégico y digital,** son los siguientes:

- Identificar los conceptos fundamentales del *marketing* estratégico para determinar el segmento de mercado en el que se posiciona un producto y elaborar un plan de *marketing* que permita a la empresa crecer y destacar frente a sus consumidores, teniendo siempre en mente las necesidades del usuario.
- Identificar los conceptos básicos del *marketing* valorando la importancia que tiene este en la estrategia digital de la empresa.
- Determinar el segmento de mercado al que se dirige el producto o servicio de una empresa, aplicando estrategias de *branding* que construyan y posicionen una marca.
- Elaborar un plan de *marketing* combinando herramientas tradicionales con elementos propios del *marketing* digital.

Fundamentos del *marketing* y su valor en la empresa

Contenido

1. Introducción
2. Identificación de los conceptos básicos y evolución del *marketing*
3. Aproximación al *marketing* y los niveles de la dirección estratégica
4. Identificación del efecto de la digitalización en el *marketing*
5. Introducción a los conceptos de producto y servicio
6. Definición de las dinámicas derivadas del establecimiento de precios
7. Identificación de las posibilidades de los canales de distribución y venta
8. Establecimiento de los principios básicos de la comunicación a través del *marketing*
9. Resumen

Objetivos

El objetivo general de esta Unidad de Aprendizaje es:

→ Identificar los conceptos básicos del *marketing* valorando la importancia que tiene este en la estrategia digital de la empresa.

Los objetivos específicos de esta Unidad de Aprendizaje son:

→ Conocer los conceptos básicos asociados al *marketing*.

→ Analizar las claves del *marketing* digital.

→ Definir los cuatro elementos que conforman el *marketing mix*.

→ Identificar los productos que corresponden a las diferentes demandas.

→ Relacionar los diferentes hábitos de compra con el tipo de producto asociado a la compra a la que hace referencia.

→ Identificar las diferentes características de las etapas de ciclo de vida del producto.

→ Identificar las estrategias de distribución utilizadas por algunas marcas comerciales.

1. Introducción

La empresa es un ente vivo dentro de un entorno cambiante al que debe amoldarse y sacar la mayor ventaja para sobrevivir en un mercado saturado y, en los últimos años, digitalizado.

Algunas reglas del juego han cambiado y las empresas deben conocer muy bien las variables que pueden controlar. Así, sus productos son entendidos no solo como algo físico, sino también como proyección de un valor percibido capaz de cubrir las necesidades del cliente. Los precios a los que los venden, dónde los venden y cómo comunican la existencia de los productos, y el valor intrínseco de estos debe contemplarse en las estrategias de *marketing* empresarial para tratar de asegurar el éxito del producto y la supervivencia de la empresa.

La empresa Sol Naranja lleva años con un descenso de ventas considerado, hasta tal punto que van a tener que aplicar reducción de personal en poco tiempo y ven urgente hacer cambios porque, si las ventas siguen bajando, tendrán que cerrar.

Sol Naranja fabrica y distribuye productos de limpieza para los hogares. Artículos como Sol Suelo, Sol Ropa o Sol Lavadora eran números uno de venta en el mercado español y habían comenzado a ser internacionalizados hacia el resto de Europa.

2. Identificación de los conceptos básicos y evolución del *marketing*

 **HILO CONDUCTOR**

Sol Naranja lleva unos años con un descenso de ventas considerado, pues la competencia ha crecido con productos similares e incluso mejorados. La situación es tan mala que van a tener que hacer reducción de personal en poco tiempo y ven urgente hacer cambios, pues, si las ventas siguen bajando, tendrán que cerrar.

Desde que el ser humano empezó a relacionarse con sus semejantes, comenzó lo que llamamos trueque o intercambio, entendidos como el acto de comunicarse con otro para obtener algo de él, que tiene un valor y es útil, ofreciendo a cambio algo valioso. Este algo puede ser: una suma de dinero, un objeto material, un servicio intangible, etc.

Desde la infancia vivimos la relación de intercambio en nuestros juegos: cromos, canicas o cualquier coleccionable que esté de moda en ese momento.

Se puede decir que el *marketing* supone una nueva visión del intercambio y podemos definirlo como "el conjunto de técnicas y estudios que tienen como objeto mejorar el intercambio (la comercialización) de un producto o servicio".

 PARA SABER MÁS

Puedes consultar una publicación en la que se trata la evaluación del *marketing*, accediendo desde aquí:

https://redirectoronline.com/comm060101

2.1. Concepto de *marketing*

El término *marketing* es de origen anglosajón y empezó a utilizarse en Estados Unidos en la última década del siglo XIX con el auge de su economía industrial. En Europa no se empleó hasta la década de los treinta y en España hasta los setenta, cuando comienza el desarrollo de la economía industrial. Cuando la gente se trasladó del campo a la ciudad a trabajar en empresas e industrias y compraban coches o equipamientos modernos para las casas (lavadoras, radios, televisores...), el concepto del *marketing* empezó a adquirir su sentido actual.

 **VÍDEO**

Puedes recorrer el desarrollo industrial visualizando el siguiente vídeo. Para ello puedes acceder desde aquí:

https://redirectoronline.com/comm060102

Philippe Kotler es considerado por muchos el padre del *marketing* moderno y define el *marketing* en su libro *Dirección* de *Marketing* como "un proceso social y administrativo mediante el cual grupos e individuos obtienen lo que necesitan y desean a través de generar, ofrecer e intercambiar productos de valor con sus semejantes".

Muchas han sido las definiciones anteriores y posteriores de este concepto, pero vamos a quedarnos con los **elementos** clave que recogen estas definiciones:

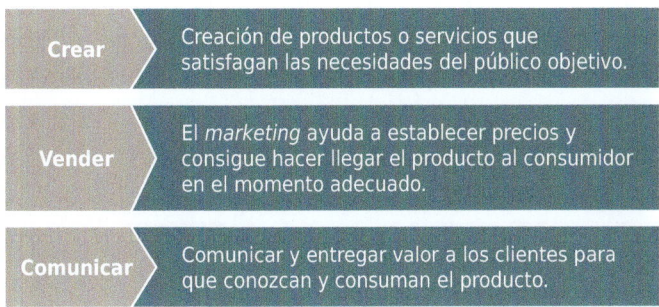

2.2. Visión actual y ámbito de aplicación del *marketing*

El *marketing,* con el paso del tiempo, ha ido evolucionando, lo que ha provocado la evolución del *marketing* pasivo al *marketing* moderno.

En los comienzos del *marketing,* este era entendido como el uso de diferentes técnicas para mejorar el intercambio. En un primer periodo el mercado estaba sin explorar, era virgen, por lo que el *marketing* fue pasivo; cuando el mercado pasó a estar saturado, dio inicio la etapa definida como *marketing* moderno.

DEFINICIÓN

Mercado virgen
No existe competencia o es muy escasa.

Mercado saturado
Existen muchos vendedores o marcas compitiendo en el mismo nicho de mercado.

- -

Este cambio supuso un antes y un después para el *marketing*. En un mercado virgen, vender era un proceso por el cual las empresas hablaban a los consumidores de manera unidireccional y sin escuchar lo que ellos querían. Fabricaban un producto sin tener en cuenta las necesidades o gustos del consumidor y, aunque nos parezca extraño hoy en día, conseguían vender. Si el comprador tenía el importe suficiente para adquirir el producto que se ofrecía y cubría su demanda, no era necesario realizar esfuerzos importantes para venderlo. Es lo que se conoce como *marketing* pasivo.

En realidad, muchas de estas empresas no tenían un departamento de *marketing* como lo podemos entender hoy. Esto es lo que en términos de *marketing* se denomina mentalidad de producto y no mentalidad de *marketing*.

DEFINICIÓN

***Marketing* moderno**
Disciplina empresarial que busca satisfacer las necesidades actuales y futuras de los clientes de manera rentable y más eficaz que la competencia.

- -

En la actualidad, la mayoría de los países desarrollados tienen saturados sus mercados de productos o servicios básicos, lo que hace que el aumento de ventas por parte de la empresa se complique.

Las empresas tienen que crear productos escuchando al consumidor, hacer grandes esfuerzos para darlos a conocer, que no falten en las tiendas si el cliente decide comprarlo, y calcular y ajustar muy bien su precio final. Todas las actividades, que no son acciones pasivas, forman parte del llamado *marketing* moderno.

Las empresas viven para los clientes, para atraerlos y conservarlos en el tiempo (fidelizarlos) creando valor, conceptos en los que más adelante profundizaremos.

Si se han modificado las formas de intercambio, es lógico pensar que el consumidor también lo ha hecho, pero aún nos encontramos hoy en día con empresas que no han evolucionado en este aspecto. Creen que su producto es perfecto y que saben lo que necesitan sus clientes sin haberles preguntado.

 **VÍDEO**

Puedes ver un vídeo en clave de humor que refleja a la perfección esta situación. Para ello accede desde aquí:

https://redirectoronline.com/comm060103

El gran reto de las empresas del siglo XXI es ser capaces de prever los diferentes escenarios futuros con los que van a enfrentarse, minimizar los efectos de sus amenazas y aprovechar sus oportunidades.

Comencemos distinguiendo dos tipos de *marketing* que deben estar presentes en toda empresa:

> **Marketing estratégico**
> Busca identificar nuevos mercados potenciales, valorar su idoneidad, orientar a la empresa en busca de las oportunidades que se pueden presentar y minimizar los efectos negativos de las amenazas que puedan planear sobre la empresa. Un ejemplo de acción de *marketing* estratégico es el de Zara, hace unos años, cuando empezaron a llegar a España las tiendas de moda *low cost* como Lefties.

> **Marketing operativo**
> Tiene como objetivo que las tácticas de *marketing* permitan conseguir los objetivos estratégicos, pero actuando en cada producto o referencia de la empresa, para lo que deben tener en cuenta las variables del *marketing mix* (producto, precio, distribución y comunicación) que iremos viendo a lo largo de esta unidad de aprendizaje.

 PARA SABER MÁS

Puedes ver una publicación en la que se analizan las diferencias entre el *marketing* estratégico y el operativo, accediendo desde aquí:

https://redirectoronline.com/comm060104

Existen distintos tipos de *marketing,* dependiendo de las herramientas que usemos (*marketing* digital, BTL *Marketing...*), dependiendo de lo que busquemos (*marketing* viral, emocional, social...), hacia dónde nos dirijamos (*marketing* externo, interno...), etc.

Aunque analizaremos algunos de forma individualizada, no se suele emplear un solo tipo, sino varios que se complementen entre sí.

- ***Marketing* externo:** cuando se habla de *marketing* en la mayoría de las ocasiones, se entiende como todas aquellas acciones que van dirigidas hacia fuera de la empresa (posicionamiento del producto, estrategias a la hora de decidir el canal de distribución, atributos percibidos por nuestros clientes, etc.).
- ***Marketing* interno:** también denominado corporativo, busca que los trabajadores se identifiquen con los valores y la filosofía de la compañía aumentando su satisfacción al trabajar en ella, y por tanto su motivación. Es decir, fidelizarlos y mejorar su productividad.
- ***Marketing* relacional:** trata de crear relaciones estables con sus clientes en el tiempo a través de un programa planificado y dirigido. No solo se busca vender el producto o servicio, sino que se intenta fidelizar al cliente, es decir, que repita la compra.
  Al final se trata de crear lazos que van más allá de la pura transacción. Esto no significa que no se busque el aumento de ventas, al contrario, pero persigue unas ventas de calidad y continuadas en el tiempo, no solo contactos esporádicos.
- ***Marketing* emocional:** con el *marketing* convencional, se analiza lo que quiere el mercado para ofrecérselo o para adoptar su producto. Sin embargo, en el emocional se pretende captar la emoción y los sentimientos de personas, no solo de posibles clientes. De esta forma, además de fidelizarlos, los transformamos en seguidores y embajadores de la marca.
- ***Marketing* social:** Philip Kotler lo define como "el diseño, implantación y control de programas que buscan incrementar la aceptabilidad de una idea social o prácticas de grupos". Se busca un cambio de actitud hacia la empresa a través de obras sociales, posicionando la marca como precursora del bienestar para la comunidad, especialmente la más vulnerable. Engloba a todas aquellas actividades encaminadas a modificar opiniones, actitudes o comportamientos con el objeto de mejorar alguna situación social.
- ***Marketing* de guerrilla:** son el conjunto de estrategias y técnicas de *marketing* ejecutadas por medios no convencionales, que consiguen su objetivo mediante el ingenio y la creatividad desarrollándose a pie de calle. El *marketing* de guerrilla permite a las marcas llevar a cabo acciones sin la necesidad de realizar grandes gastos e inversiones. Es por ello por lo que prima, ante todo, la creatividad, el ingenio y las buenas ideas. Este modelo de *marketing* puede denominarse también *ambient marketing, street marketing* o *field marketing*.
- ***Marketing* experiencial:** intenta crear situaciones en torno a la compra de un producto (antes, durante o después de la compra). Hace uso de los sentidos y no del mensaje publicitario en sí.
  El objetivo principal es generar experiencias positivas en el cliente, por lo cual podemos valernos de diferentes estrategias, entre ellas apoyarnos en el uso de los cinco sentidos, ya que de esto se desprenden otras acciones.

◌ ***Neuromarketing***: es la aplicación de diferentes técnicas procedentes de la neurociencia, para poder entender los efectos que tiene la publicidad y otras acciones dentro de la mente de los consumidores.

Gracias al *neuromarketing* se pueden calibrar mejor las acciones de *marketing* corrigiendo errores o tratando de entender y predecir la reacción de los consumidores.

 **VÍDEO**

Te recomendamos que visualices un documental que habla sobre el *marketing* de experiencia. Puedes acceder para verlo desde aquí:

https://redirectoronline.com/comm060105

2.3. Nomenclatura y conceptos asociados al *marketing*

Como cada disciplina, el *marketing* usa una **nomenclatura y conceptos;** conocerlos nos va a ayudar a conocer el fantástico mundo del intercambio.

◌ **Necesidades.** Según Kotler, las necesidades se convierten en deseos cuando se dirigen a objetos específicos que podrían satisfacerlos. Los deseos, al querer ser conseguidos se convierten en demandas.

◌ **Valor percibido.** Al comprar, un consumidor no analiza de una manera fría lo que cuesta la fabricación, distribución y el trabajo de comunicación hasta llegar a sus manos del producto o servicio. Normalmente todo consumidor se mueve por el llamado valor percibido: qué valor percibe del producto, qué beneficios obtendrá.

Cuando compramos un coche, a no ser que seamos expertos o entendidos del sector, valoraremos aspectos como el precio, la estética, la atención al cliente, el vendedor, la imagen de la marca, el servicio posventa, otras experiencias que hayamos tenido con la marca, si conocidos tuyos lo tienen, los anuncios que hayamos visto, etc.

Respecto a los valores que los consumidores pueden llegar a tener de una línea de productos, las empresas deben conocerlos para mostrarles que el suyo es mejor que el de la competencia para que se decanten por él. Por mucho que el fabricante de coches piense que el suyo es estupendo, no lo venderá a no ser que el cliente realmente lo piense. Y lo pensará basándose en unos valores. Cada comprador tiene unos valores iguales, parecidos o diferentes a los de otros compradores. De ahí la importancia de que la empresa sepa cuáles son los valores de sus clientes para adaptar el producto y luego saber comunicarlo.

- **Satisfacción del cliente.** El consumidor comienza a evaluar su satisfacción desde el momento en el que toma contacto con la empresa o su producto, a través de un anuncio, cuando descubre el producto en el lineal del supermercado, o cuando el vendedor se lo ofrece en un establecimiento. Son en los inicios cuando empieza su evaluación, y tras todo el proceso de compra y una vez consumido, analizará si ha resultado satisfecho o no. Pero hay otro paso más allá, y es el servicio posventa. También entraría dentro de su decisión de si ese producto es satisfactorio o no.

- **Fidelización del cliente.** La satisfacción de un cliente conforme transcurre el tiempo hace que crezca la fidelidad de este al producto, servicio o marca, lo que se convierte en una barrera que impide acceder a la competencia a dicho cliente o consumidor. Las empresas buscan constantemente nuevos clientes, pero también deben conservar los que tienen, ya que han invertido mucho tiempo y dinero en captarlos.

- **Mercado y cuotas de mercado.** El mercado es el conjunto de consumidores que quieren comprar un producto, que económicamente lo pueden comprar y que están cualificados. Es importante remarcar las palabras "quieren", "pueden" y "estar cualificados", porque un adolescente de dieciséis años no puede ser parte del mercado de las motos de alta cilindrada porque, aunque quiera y quizá tenga ahorrado el dinero, sin embargo, no tiene la edad suficiente para conducirla.

  La cuota de mercado también se denomina cuota de mercado absoluta, y se define como el porcentaje que posee una empresa o negocio en un mercado determinado.

- **Demanda.** Es la cantidad de productos y servicios que el público objetivo quiere y puede adquirir para satisfacer sus necesidades o deseos, en un lugar y en un periodo de tiempo predeterminado, en una situación específica del entorno y tras un esfuerzo comercial de la empresa y de los competidores dados. Un ejemplo es el de los coches de segunda mano que, durante la crisis del año 2008, aumentó su compra al tiempo que descendió la de coches nuevos.

  Podemos hablar de demanda final, aquellas compras que llevan a cabo los consumidores para su uso personal, y demanda derivada, las compras que realizan las empresas, que fabrican bienes o prestan servicios, para satisfacer la demanda final. Esta demanda surge dentro del proceso productivo.

 **VÍDEO**

Te recomendamos que visualices un vídeo para profundizar sobre el concepto del mercado, para ello accede desde aquí:

https://redirectoronline.com/comm060106

 **DEFINICIÓN**

Público objetivo o *target*

Conjunto de personas con ciertas características comunes y que las empresas consideran que podrían estar interesados en sus productos o servicios. De esta forma, enfocando sus estrategias hacia ellos, podrían convertirse en clientes.

Para que una empresa atienda correctamente a la demanda de sus productos o servicios debe controlar las diferentes **variables** entre las que se diferencian las que son controlables por la propia empresa y las que no lo son.

Variables controlables	- Son aquellas en las que la empresa puede influir de forma que, si las modifica, puede aumentar el volumen de ventas. Estas variables son el precio, el producto, la distribución y la comunicación. Son las conocidas como 4 P.

Continúa en página siguiente >>

<< Viene de página anterior

Variables no controlables	- Son las que la empresa no puede controlar, como puede ser la competencia, el consumidor, las leyes gubernamentales o la economía. Pero no por ello debe tomar una actitud pasiva, lo que debe hacer es conocer los efectos que tienen estas variables sobre su demanda para intentar predecir la evolución futura de las mismas y tomar las medidas oportunas para minimizar su impacto negativo o maximizar el positivo. - Por ejemplo, en épocas de crisis económicas baja la compra de coches, pero sube la de reparaciones en los talleres mecánicos. Otro ejemplo es la venta de viviendas que, en tiempo de crisis, baja, aunque aumentan las reformas.

Las estrategias que siguen las empresas para tratar de ampliar la demanda de sus productos o servicios se orientan a la modificación de las variables que intervienen:

> Dirigiéndose a nuevos mercados geográficos, buscando mercados vírgenes o al menos no saturados.

> Llevando a cabo campañas de comunicación que aumentan el porcentaje de consumidores interesados en el producto, por ejemplo, mostrando los beneficios que van a obtenerse con el consumo del producto o servicio.

> Disminuyendo el precio que permita abrir el mercado a una franja de consumidores potenciales de rentas más bajas.

3. Aproximación al *marketing* y los niveles de la dirección estratégica

 **HILO CONDUCTOR**

El departamento de *marketing* de Sol Naranja va a hacer un análisis de los productos que vende, dónde los vende, a qué precio y cómo comunica a sus

Continúa en página siguiente >>

<< Viene de página anterior

clientes. Además, investigará cuál es su público objetivo, esas personas que le compraban y ya no, e incluyo a los que le siguen comprando. Además, se plantea estudiar a su competencia y todo el entorno de la empresa.

El denominado *marketing mix* es la estrategia que permite ofrecer un producto o un servicio a un precio determinado, a un público objetivo a través de los canales de distribución efectivos. Este *marketing mix* es también conocido como las **4 P del *marketing*** que hemos mencionado en el apartado anterior.

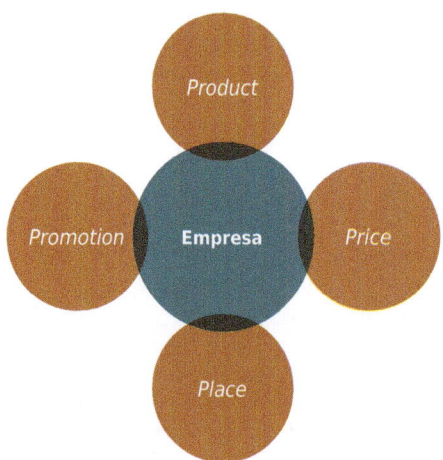

- ➲ *Product* - **Producto:** debe satisfacer alguna necesidad del mercado. Dentro de esta P también están la marca, su diseño y el envase.
- ➲ *Price* - **Precio:** su establecimiento es clave para la empresa, ya que de ello dependen sus ingresos y beneficios e incluso la imagen de ella.
- ➲ *Place* - **Distribución:** los canales para acercar los productos a los consumidores.
- ➲ *Promotion* - **Comunicación:** dar a conocer el producto o servicio a los clientes mostrándoles los beneficios que pueden tener al utilizarlos frente a los ofertados por la competencia.
  Dentro de esta P encontramos la publicidad en las redes sociales, los patrocinios, la venta directa y personal o los anuncios televisivos, entre otros.

Dentro de estas cuatro variables encontramos dos que son más difíciles de modificar una vez se ha puesto todo en marcha: el producto y la distribución, por cuestiones de costes de implementación. Una vez que la empresa ha definido el producto, que se han contratado los medios precisos para comenzar la fabricación (maquinaria, materias primas...) o que se han decidido los canales de distribución (franquicias...), una modificación puede suponer grandes esfuerzos económicos. Sin embargo, ambos tienen unos componentes que se pueden cambiar con mayor libertad como, en el caso del producto, el envase y el etiquetado.

IMPORTANTE

Las variables producto, precio, distribución y comunicación siempre deben ir en consonancia y son las variables que puede controlar la empresa.

La promoción y el precio son más fáciles de modificar, pero eso no significa que se puedan alterar alegremente sin sufrir consecuencias. Deben formar parte de una estrategia conjunta en la que intervengan las cuatro variables. Por ejemplo, una empresa de ordenadores quiere dirigirse a un mercado de renta media-baja con un producto específico que ha fabricado para ello. Lo va a vender en tiendas no especializadas de informática, como pueden ser hipermercados frecuentados por su público objetivo, y la imagen transmitida en los anuncios está orientada a ese segmento de renta media-baja con eslóganes tipo: "Tener tu portátil en casa no es solo cosa de ricos".

Hasta aquí, vemos cómo interaccionan tres variables: el producto, la distribución y la comunicación. Pero, ¿qué sucedería si este público potencial se acercase al hipermercado a comprarlo y viese que el precio es muy superior a lo que se puede permitir? En este caso la variable precio no va en consonancia con todo lo trabajado.

PARA SABER MÁS

Puedes ver una publicación donde se profundiza en las 4 P del *marketing*, accediendo desde aquí:

Continúa en página siguiente >>

<< Viene de página anterior

https://redirectoronline.com/comm060107

3.1. Misión/Visión: orientación a producto y orientación a mercado

Las empresas son entidades vivas que nacen, crecen y pueden llegar a morir, algunas incluso en el mismo momento de su lanzamiento. Como entes vivos, tienen una meta final: ¿dónde quieren llegar en un futuro a medio o largo plazo? Es la denominada visión de una empresa, y responde a preguntas como ¿qué quiere conseguir?, ¿dónde quiere estar en ese futuro?, o ¿cómo lo conseguirá?

El propósito de una empresa dentro de la sociedad, por el que la empresa existe, se llama misión. La misión debe responder a preguntas como ¿qué y por qué hace la empresa lo que hace?, o ¿para qué lo hace?

Dentro del *marketing* podemos encontrar dos filosofías de gestión: el **marketing orientado al producto** y el **marketing orientado al mercado.**

La filosofía correspondiente al *marketing* orientado al producto es la que vimos en el primer apartado. Recordemos que es la estrategia que se basa en crear un producto o servicio centrándose en este y no en el público objetivo. Es lo que proliferó en los comienzos cuando los mercados eran vírgenes. Apenas se tenía competencia, por lo que no existía la necesidad de conocer los gustos y necesidades del consumidor; además, la calidad no era relevante y los productos se generaban en grandes cantidades.

Esta filosofía podemos definirla como aquella en la que la calidad del producto es el elemento clave. El sector tecnológico es uno de los que actualmente utiliza este *marketing*. Su público objetivo o clientes prefieren que sean productos de alta calidad y que incorporen elementos innovadores, aunque estos no se adecúen a sus deseos y necesidades.

Dentro de las **ventajas** y **desventajas** de la orientación del *marketing* hacia el producto podemos destacar:

Ventajas	- Los productos son de alta calidad. - Cuentan con innovación constante, lo que les permite posicionarse como productos pioneros en el mercado. - La aparición de la competencia, con el mismo nivel de calidad, es difícil. - Se centra en el desarrollo de los productos destinando menos tiempo y energía a las ventas.
Inconvenientes	- Existe competencia que, aunque no tendrá el mismo nivel de calidad e innovación, introducirá alternativas más económicas. - El lanzamiento de estos productos no siempre tiene éxito, ya que no se escucha al consumidor. - Los productos de alta calidad tienden a ser más caros de producir, por lo tanto, su precio suele ser una desventaja.

 **EJEMPLO**

Un ejemplo de empresa tecnológica que utiliza el *marketing* orientado al producto es Apple. Esta empresa, que siempre ha destacado por su calidad e innovación, ha sido capaz de crear productos antes de que los consumidores supieran que los necesitaban. Apple lidera el mercado de los dispositivos de alta gama, aunque hay personas que se resisten a pagar el precio que tienen sus productos, lo que ha permitido a otras empresas diseñar y comercializar otros productos más económicos, pero incorporando en ellos la misma innovación.

El *marketing* orientado al mercado corresponde con el modelo de *marketing* en el que se busca satisfacer las necesidades de los consumidores a través de la investigación de mercado. Dentro de este modelo de *marketing,* los consumidores son escuchados en todo momento y se tienen en cuenta los cambios que se producen a lo largo del tiempo, generando demanda y distribución.

DEFINICIÓN

Investigación comercial

Es un proceso objetivo y controlado para conocer información relevante del entorno de la empresa (mercado, competencia o consumidores) para que le sirva para tomar decisiones comerciales.

- -

Ambos enfoques (orientado al público y al mercado) tienen grandes ventajas, por lo que si se combinan, obtendremos unos resultados más eficaces que beneficiarán a la empresa.

✎ **ACTIVIDAD COMPLEMENTARIA**

1. Averigua cuál es la misión y visión de la empresa Ikea. Para ello, puedes acceder a su página web desde aquí:

https://redirectoronline.com/comm060108

- -

3.2. Proceso de planificación estratégica

Hemos ido viendo cómo las empresas forman parte de un entorno que no pueden controlar, pero no por ello deben tomar una actitud pasiva, puesto que, si llevan a cabo una planificación estratégica de sus 4 P, pueden hacer frente a dicho entorno.

El entorno de una empresa se compone de los agentes cercanos que más influyen en la gestión de la compañía y sobre los que se puede influir en alguna medida trabajando las 4 P y otros más alejados, sobre los que no se puede ni influir ni actuar; estos son el microentorno y el macroentorno.

PARA SABER MÁS

Puedes acceder a una publicación donde se analizan las diferencias entre el macroentorno y el microentorno y los factores que intervienen y que afectan a las empresas, accediendo desde aquí:

https://redirectoronline.com/comm060109

Dentro del microentorno nos encontramos al cliente y/o consumidor, la competencia, los intermediarios del canal de distribución o los proveedores, y en el macroentorno, nos encontramos con los factores demográficos, económicos y culturales.

Representación de la relación entre el microentorno y el macroentorno

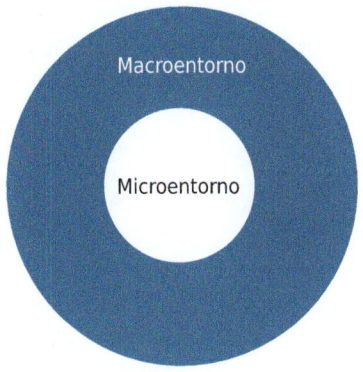

IMPORTANTE

Analizar el entorno nos permite identificar y establecer un punto de partida que es clave para diseñar el plan de *marketing* y la planificación estratégica.

La competencia

Si preguntásemos a distintas personas por una marca de automóviles y su competencia, seguramente unos contestarán Ford, y como marcas competencia SEAT, Peugeot, Citroën... Sin embargo, el análisis de los competidores no es una tarea tan sencilla. El motivo no es otro que el fabricante Ford también compite contra otros medios que permitan el transporte de personas como los autobuses, los trenes o las motos, que no tienen que ver con el modelo de transporte, pero influyen en la decisión de compra, puesto que los recursos de los consumidores son limitados, lo que les obliga a tomar una decisión.

Cuando se lleva a cabo el estudio de la competencia para el proceso de planificación estratégica, debemos tener en cuenta el análisis de los puntos fuertes y débiles de nuestros competidores más próximos, como también debemos hacerlo sobre los puntos fuertes y débiles de la empresa.

Un **punto fuerte** es una variable interna dentro de la empresa que le sitúa en una posición de superioridad sobre el resto de las empresas: acceso privilegiado de las materias primas, buena imagen en el mercado, fuerte departamento de I+D...

Un **punto débil** es una situación interna a la empresa que la sitúa en desventaja con respecto al resto y la hace vulnerable.

NOTA

El conocimiento de los puntos fuertes y débiles de la empresa se establece a través de un análisis interno, y los de la competencia, a través del contacto con los clientes comunes, experiencia personal, rumores...

El conocimiento de las estrategias de los competidores nos puede ayudar también a prever la reacción que estos pueden tener ante determinadas acciones de nuestra empresa: disminución del precio, lanzamiento de un modelo mejorado, aumento de un esfuerzo publicitario...

El análisis de la situación en la que se encuentra la empresa es fundamental dentro del proceso de planificación para poder establecer y llevar a cabo las estrategias y decisiones acertadas.

El análisis DAFO (debilidades, amenazas, fortalezas y oportunidades), también conocido como análisis FODA o DOFA, es una técnica que sirve para poner en relieve la situación externa (del entorno) e interna (recursos y capacidades) de la propia empresa. Todos los puntos fuertes y débiles deben ser analizados tanto en la propia empresa como en las de la competencia y en los entornos macro y micro para el análisis interno y para el externo.

Todo este análisis se vuelca sobre una plantilla que nos permite tener una visión clara de la situación, lo que nos va a permitir planificar y desarrollar aquellas estrategias más adecuadas.

Aplicando este modelo de análisis, es posible descubrir cómo los puntos débiles de nuestra competencia son aquellos puntos sobre los que nuestra empresa puede basar sus estrategias y destacar por encima de ellas.

Análisis interno	Análisis externo
DEBILIDAD	AMENAZA
- Insatisfacción de los trabajadores - Rotura de *stock* en distribución	- Un competidor lanza un nuevo producto
FORTALEZA	OPORTUNIDAD
- Productos de gran calidad - Precios competitivos	- Baja el precio de la materia prima - Clientes fieles a la empresa

Ejemplo de DAFO para una empresa ficticia

 SABÍAS QUE...

El Ministerio de Industria y Comercio tiene en su página web una herramienta práctica para trabajar el DAFO de tu empresa. Solo debes darte de alta de forma gratuita en la página web.

 **VÍDEO**

Puedes ver un vídeo donde Claudio Ponce te enseña cómo hacer un DAFO, accediendo desde aquí:

https://redirectoronline.com/comm060110

4. Identificación del efecto de la digitalización en el *marketing*

HILO CONDUCTOR

En una primera introducción al análisis que están haciendo de la empresa, el equipo de Sol Naranja observa que hay un público al que no tenían en consideración. Es verdad que tienen una web y redes sociales, pero lo único que hacen es colgar contenido unidireccional sin esperar reacción alguna. Para ellos es un canal más para difundir lo que quieren decir, pero no escuchan a los posibles compradores.

Antes, cuando, por ejemplo, se le prometía al consumidor que si metía la masa preparada de bizcocho al horno iba a obtener un dulce voluminoso y esponjoso, y esto no sucedía, la queja de este consumidor quedaba en un pequeño círculo que no afectaba a las ventas de la empresa. Con la llegada de internet, esta queja se hace más visible, y es posible que alcance a una comunidad mayor. Este cambio ha provocado que las empresas deban cumplir lo que prometen. Esto es debido a que las formas de relacionarse entre empresas y consumidores han cambiado, provocando también cambios en el comportamiento de la propia persona consumidora.

Estos cambios en el comportamiento han sido provocados por la irrupción de internet, que también ha ocasionado cambios en la forma de vender de las empresas, apareciendo como consecuencia diferentes **modelos de marketing digital,** entre los que destacamos:

➲ ***Marketing* viral.** Acciones de *marketing* que, gracias al uso de plataformas digitales, como *WhatsApp, TikTok* o *X* (anteriormente *Twitter),* por ejemplo, logran viralizar el contenido como si se tratase de un virus.

Esa es la finalidad de los contenidos que las empresas suben a internet: que se viralice de forma que sea visto por la mayor cantidad de personas posibles, y especialmente por su público objetivo. Técnicas como los sorteos o los vídeos atractivos que pueden ser compartidos son algunas de las técnicas que las empresas usan en el mundo digital.

➲ ***Inbound marketing.*** Esta técnica consiste en atraer al consumidor para tratar de lograr que sea él mismo el que pida o encuentre el producto o servicio.

Hasta la aparición de internet muchas acciones de *marketing* se basaban en el modelo tradicional *(outbound marketing),* que interrumpía al consumidor para llamar su atención sobre algún producto o servicio, por ejemplo, a través de los anuncios en la televisión. Internet y sobre todo las redes sociales, han favorecido que el cliente se acerque a la marca, que hable con ella y quiera probar sus productos.

La clave para toda empresa es que los clientes o usuarios la encuentren fácilmente, para lo que se centra en la creación de contenidos de calidad y en la presencia en diferentes canales digitales. Para ello se utilizan técnicas como el *marketing* de contenidos, las redes sociales o el posicionamiento en buscadores (SEO), entre otras técnicas.

Dentro del *inbound marketing* se trabaja el darse a conocer, conversar, aportar valor, influir y la presencia en el momento de la toma de decisiones.

➲ ***Marketing* de contenidos.** El *marketing* de contenidos ha supuesto una nueva forma de llegar al consumidor. Hasta ahora, las empresas desarrollaban su mensaje y lo transmitían a través de los medios convencionales, sin darle a la audiencia la oportunidad de intervenir en la creación de este, ni de poder interactuar con él.

Podemos definir el *marketing* de contenidos como la creación y distribución de contenidos para conseguir en los clientes actuales y potenciales una conexión de atracción hacia la marca.

El objetivo final del *marketing* de contenidos es atraer para luego usar diferentes técnicas y convertir a esa persona en cliente *(inbound marketing).* Pero no debemos olvidar que, en la era digital, el consumidor también genera contenido, la información es bidireccional y la empresa debe estar dispuesta y preparada para jugar con esas reglas del juego.

➲ ***E-mail marketing.*** Esta técnica utiliza el correo electrónico como plataforma de comunicación con los clientes. Pero no consiste solamente en enviar correos, sino que entran en juego muchos factores, desde la segmentación de la base de datos para poder enviar correos personalizados hasta el análisis de los resultados para ajustar así la estrategia.

Una buena estrategia de *e-mail marketing* conlleva la creación de embudos de venta, pero la clave inicial es la correcta segmentación de los usuarios, así se les enviarán mensajes personalizados que no serán considerados como una intromisión, pasando de *outbound* a *inbound marketing*.

DEFINICIÓN

Embudo de venta

Fases por las que pasa un comprador potencial hasta que ejecuta la compra. Estas fases se definen como atracción, interacción, conversión y fidelización.

4.1. Claves del *marketing* digital

Con todo lo hablado hasta ahora, podemos afirmar que las claves fundamentales del *marketing* digital son conversar, crear valor y atraer al cliente potencial, para que se realice la conversión que deseemos mediante la conexión de las empresas con las personas que conforman su público objetivo.

Por lo tanto, es fundamental que la empresa planifique su presencia en internet, la manera en la que quiere estar presente en el mundo digital, dónde (en qué canales), cuánto y qué comunicar. Antes de tener presencia digital, lo fundamental es planificar y desarrollar un plan de *marketing* digital que debe ir acorde con el plan de *marketing* estratégico y operacional.

IMPORTANTE

El *marketing* es la manera en la que se conectan empresas y consumidores para que estos últimos adquieran o conozcan los productos o servicios que ofrece la empresa.

Philip Kotler, en el año 2004, definió el *marketing* como el conjunto de acciones que se llevan a cabo para responder a las necesidades del mercado. Es decir, podemos establecer que el *marketing* es el proceso por el cual un segmento de la población satisface sus necesidades mediante productos que generan un beneficio para ellos.

Kotler desarrolló su propia visión acerca de los cambios que iba a sufrir el *marketing,* a través de lo que se conoce como los **diez principios del *marketing*** y que recogemos resumidos en los siguientes puntos:

> El cliente decide y quiere soluciones. Internet ha permitido el acceso a una gran cantidad de recursos e información a nuestro cliente que puede comparar y ver qué producto o servicio puede solucionar su problema o satisfacer su necesidad.

> Segmentación. Los usuarios solo quieren recibir mensajes que les interesan, los demás son rechazados. Por ello, la empresa debe enfocar su estrategia en conocer a este cliente.

> Las campañas de *marketing* en la era digital pueden medir sus resultados de forma cualitativa y concisa, y se puede evaluar si se ha desarrollado correctamente y rectificar.

 SABÍAS QUE...

Estos principios se han desarrollado en las publicaciones en las que Kotler ha sido autor. Además, Kotler es considerado el padre del *marketing* moderno.

En su libro *Marketing 4.0,* Kotler establece que es el *marketing* el que debe adecuarse a los cambios en los procesos de compra de los clientes en una economía digital, añadiendo que su función es guiar a los consumidores por todo el proceso de compra, desde que descubren el producto o servicio hasta que lo compran o recomiendan a otros consumidores.

 **APLICACIÓN PRÁCTICA**

Sara está realizando un esquema en el que resume los diez principios del *marketing* digital que enunció Kotler. Al repasarlos todos, se da cuenta de que tiene once principios y que sobra uno.

¿Puedes indicarle cuál es el incorrecto?

- **El cliente decide lo que compra.**
- **Hay que usar varios canales de comunicación.**
- **Los usuarios solo quieren recibir información que le interesa.**
- **La empresa ya no necesita escuchar al cliente, tiene años de experiencia.**

Solución

El principio incorrecto es el siguiente:

Los usuarios solo quieren recibir información que le interesa.

La empresa debe estar en constante escucha del cliente. Cambian sus gustos, las modas, las formas de usar o consumir los productos y servicios, entre otros cambios, y la empresa debe estar atenta a estos cambios constantemente para satisfacer sus necesidades e incluso para adelantarse a dichos cambios.

- -

4.2. Principales canales digitales de comunicación y captación de clientes

Para llegar a los clientes, las empresas deben utilizar las diferentes herramientas digitales que les permiten contactar con ellos. Entre estas **herramientas y canales digitales** que puede utilizar la empresa para llegar a sus clientes encontramos:

⮑ **Sitio web.** El centro de toda la estrategia digital de la empresa es la página o sitio web. Es el destino al que se le envía al usuario desde cualquiera de los canales en los que tiene presencia la empresa. Debe estar bien estructurada y tener un objetivo claro acerca de para qué se va a utilizar.
Podemos encontrar sitios web básicos que son una tarjeta de visita digital en la que se explica lo que ofrece la empresa y se invita al visitante a contactar y otras más complejas en las que se puede descargar

documentación, disponen de un espacio para clientes, publican noticias o permiten el registro para estar al día de las novedades, etc.,

- **Contenido.** La herramienta más relevante después de la página web es el contenido. El contenido es el elemento que vamos a utilizar para atraer a los posibles clientes, darles confianza, aportarles valor y satisfacer sus necesidades o deseos.

  La clave del contenido es contar y mostrar la información que sea de interés para el público al que queremos atraer para lo que debemos usar un lenguaje acorde, y un formato que sea adecuado para cada uno de los segmentos a los que nos dirigimos.

- **Redes sociales.** Lugar más adecuado para que las empresas dialoguen con sus clientes y público potencial, y recojan información de sus gustos y deseos, para enviarles la información adecuada a sus intereses.

  Las redes sociales tienen un papel fundamental para redireccionar a su público a la página web en la que mostrarán la información ampliada de los intereses de los visitantes. Las conversaciones con los clientes o usuarios en las redes sociales son una manera de humanizar la marca además de aumentar la confianza de la misma.

- **Publicidad *online*.** Todos los contenidos publicados en un medio digital en el que se produzca un intercambio de moneda, se considera publicidad. Se pueden llevar a cabo campañas publicitarias en internet o redes sociales, e incluso mediante la promoción a través de un *influencer* que mencione el producto o servicio de la marca en sus perfiles y publicaciones.

  Una publicidad bien planificada y llevada a cabo en el canal adecuado va a provocar un alcance mayor de los contenidos de la empresa a un coste menor que el que podríamos invertir a través de la publicidad tradicional en prensa, radio o televisión.

  Esta publicidad presenta la ventaja de que podemos orientarla hacia el segmento que nos interesa, además de permitirnos controlar casi en tiempo real las acciones y monitorizar las estadísticas de cada campaña.

- **Posicionamiento en buscadores - SEO.** Un buen posicionamiento en los buscadores consiste en aparecer en los primeros puestos, por encima de la competencia, en los buscadores como *Google,* cuando alguien busque empresas o marcas que venden lo que tú vendes.

⊕ **PARA SABER MÁS**

Puedes observar un ejemplo de sitio web donde se ofrece servicios básicos de la empresa y contacto, accediendo desde aquí:

Continúa en página siguiente >>

<< Viene de página anterior

https://redirectoronline.com/comm060111

Si lo deseas también puedes acceder a otro sitio web más complejo desde aquí:

https://redirectoronline.com/comm060112

 **DEFINICIÓN**

Infografía
Es una representación visual de información. Esta se presenta de forma clara y concisa, y puede incluir elementos como gráficos, imágenes, texto y números. Un ejemplo es el resumen de los datos de votantes a un partido u otro en las elecciones. La información es transmitida por los medios con imágenes, y estas son infografías.

Podcast
Son grabaciones de audio que se asemejan a la radio, pero se consumen cuando el usuario lo desea y se transmiten por plataformas digitales como Spotify. Algunas veces se graba también con imágenes.

Lead
Es el contacto de un cliente potencial, incluso pueden ser sus gustos y deseos.

Continúa en página siguiente >>

<< Viene de página anterior

Posicionamiento orgánico
Es el llamado SEO; no se paga por él.

Posicionamiento de pago (publicidad en buscadores o SEM)
Es el posicionamiento que sí tiene un coste. Por ejemplo, a través de *Google Ads* para el caso del buscador *Google*.

No debemos olvidar que, aunque es importante trabajar correctamente los aspectos que se han indicado con anterioridad, es fundamental llevar a cabo la medición, el análisis y el control de las acciones que desarrollamos en cualquier medio digital en el que tenga presencia la empresa. No debemos caer en la tentación de tratar de medir todos los elementos que podamos, ya que no nos sirven todos, sino que debemos establecer el correspondiente plan de analítica en el que se recogerán los datos, las herramientas y los aspectos más relevantes que nos permitan evaluar si la estrategia es correcta o no.

 VÍDEO

Te recomendamos el visionado de unos vídeos en los que se trata la digitalización de un comercio y la digitalización de una charcutería tradicional. Para ello accede desde aquí:

Digitalización de un comercio

https://redirectoronline.com/comm060113

Continúa en página siguiente >>

<< Viene de página anterior

Digitalización de charcutería tradicional

https://redirectoronline.com/comm060114

5. Introducción a los conceptos de producto y servicio

 **HILO CONDUCTOR**

Sol Naranja cuenta con muchas líneas de productos, pero jamás se había parado a analizar qué producto es el que más vende, cuál es el que menos y cuál es el que puede tener más trayectoria de venta. Es el momento de hacerlo y eliminar aquellos que no se venden y están suponiendo dinero para la empresa.

Hemos comentado en los puntos anteriores que el *marketing mix* estaba compuesto por las denominadas 4 P; producto, precio, distribución y comunicación. Pero no podemos trabajar con cada una de ellas de manera independiente, sino que están interconectadas, de forma que, si intervenimos sobre una de ellas, el resto se ven afectadas.

RECUERDA

El *marketing mix* es una parte del *marketing* operativo que trata de fijar las herramientas que ayuden a conseguir las estrategias y no se centra en la creación de las mismas.

La mayor parte de las empresas ponen en el mercado sus productos que son susceptibles de ser adquiridos para su consumo: un vestido, una lata de atún, un ordenador, etc., siendo el propio producto el que le aporta al cliente satisfacción y define su valor. Esto mismo sucede con las empresas que ofrecen servicios como una entrada de cine, un análisis médico, una consultoría de negocio... Si la empresa es capaz de combinar ambas tipologías, productos interesantes a los que incorpora unos servicios adicionales, el consumidor percibirá un mayor valor tanto del producto como del servicio beneficiando a la empresa frente al resto de competidores.

Los cambios en el comportamiento de los consumidores han provocado la aparición de una nueva tipología de productos experienciales, situaciones inolvidables para recordar y recomendar. Por ejemplo, el acudir a un restaurante con tres estrellas Michelín en un ático frente a la Torre Eiffel, más allá de su excepcional producto, el consumidor vive una experiencia memorable que únicamente ocurrir en ese restaurante: las vistas, la elegancia, París...

Para muchas empresas, el producto es la variable principal sobre la que se basa la estrategia comercial del *marketing:* el precio, la distribución y la promoción.

Podemos definir el producto como todo elemento que ponemos en el mercado, tangible o intangible, que se puede consumir o experimentar, satisfaciendo la necesidad de un público objetivo. Esto debe hacernos pensar que el producto es más que un conjunto de atributos físicos, puesto que debe satisfacer al consumidor y crear valor.

La variable producto no solo se aplica a los bienes, productos físicos y tangibles, como manzanas, árboles o lápices, sino que también se puede entender en un sentido amplio de la palabra, incluyendo a las personas (cantantes, actrices...), a los servicios (viajes, asesorías...), a los lugares (Alemania, España...) o a las ideas (mejoras en la conducción, rechazo a cierta tendencia política...). Todos estos productos son susceptibles de ser comercializados y pueden ser objeto de campañas de *marketing* que tengan como fin favorecer su venta o su aceptación.

En consecuencia, y teniendo en cuenta que existen diferentes tipos de productos, se pueden clasificar de muy diversas formas según distintos aspectos respecto a su naturaleza, su destino final o los hábitos de compra del consumidor.

Aunque podemos clasificar los productos de diferentes maneras, las más habituales son:

Tangibles e intangibles
Los tangibles son productos de naturaleza material que se pueden tocar como, por ejemplo, un electrodoméstico. Y los intangibles son productos de naturaleza inmaterial que no se pueden tocar, como el servicio de limpieza.

Productos de consumo e industriales
El primero hace referencia a los productos orientados a los consumidores finales para que lo compren o consuman. Un ejemplo de producto de consumo es una botella de vino. Los industriales son los adquiridos por las empresas u organismos para incorporarlos a sus procesos productivos. Siguiendo con el ejemplo anterior, un producto industrial sería la uva para producir vino en una bodega.

Respecto al hábito de compra del consumidor, es posible hacer otra división más concisa de los tipos de productos que se ofrecen a la venta.

➲ **Conveniencia.** Productos de conveniencia son aquellos que el consumidor tiene que adquirir con frecuencia o de forma rutinaria y cuya compra le supone poco esfuerzo. Dentro de este grupo se encuentran los productos alimenticios habituales (leche, carne...) y los de limpieza general (detergente, lavavajillas...).

Los productos de conveniencia suelen caracterizarse por tener un precio bajo y por qué el consumidor no destina demasiado tiempo a realizar la compra, ni grandes desplazamientos para adquirirlos.

Desde el punto de vista empresarial, requieren de una distribución intensiva, para llegar a la mayor cantidad de puntos de venta con la más alta exposición del producto de forma que sea un producto de fácil adquisición.

Dentro de este grupo podemos distinguir:

- Bienes **de uso y consumo** corrientes: leche, pan, aceite...
- Bienes de **compra por impulso:** no existe una planificación previa y solo se compran si se ven (chicles, pilas, cuchillas de afeitar...) y se suele colocar en los lugares de paso obligatorio para los compradores, como las cajas registradoras.
- Bienes **de emergencia:** se compran si surge una necesidad imperiosa (paraguas, ibuprofeno...).

➲ **Esporádicos.** Los productos de compra esporádica se adquieren con menos frecuencia. En este grupo de productos, el consumidor dedica más tiempo a la comparación de precio, calidad y prestaciones. Dentro de este grupo encontramos, por ejemplo, los electrodomésticos, el mobiliario, la ropa o el calzado...

Sus principales características son:

◑ El consumidor puede realizar desplazamientos para adquirirlo.
◑ Si varios productos disponen de la misma calidad, el precio puede tener un elevado peso para el consumidor, por lo que la empresa deberá esforzarse en justificar el precio.
◑ Si varios productos disponen de diferentes calidades, la empresa deberá ofrecer un producto diferenciado y adaptado al gusto de los consumidores, porque pesará más el diseño, la calidad, etc.

➲ **De especialidad.** Productos de especialidad, aquellos productos que se asocian a una marca de prestigio, que tienen unas características especiales o que provocan en el consumidor la voluntad de esforzarse por comprarlos. Por ejemplo, las joyas, marcas de prendas de vestir, marcas de vehículos, etc.
En estos productos el consumidor no está dispuesto a aceptar sustitutos, puesto que los considera únicos en sus características. Estos necesitan una distribución selectiva o exclusiva, ya que el consumidor no tendrá inconveniente en desplazarse para buscarlos.
Principales características:

◑ El consumidor sabe lo que quiere, no realiza grandes comparaciones.
◑ El consumidor se centra en buscar dónde puede conseguir el producto.
◑ El consumidor puede realizar importantes desplazamientos para adquirirlo.
◑ Se requiere realizar un esfuerzo en *marketing* para así promocionar el establecimiento.

➲ **No buscados.** Son aquellos que son desconocidos por el consumidor o que no se plantea su compra, aunque pueda satisfacer una determinada necesidad. Un ejemplo serían los detectores de humos, seguros de vida, lápidas funerarias...
Principales características:

◑ El consumidor no lo conoce o no se plantea su compra.
◑ Se requiere un esfuerzo en comunicación importante.

TAREA 1

Eva tiene que cumplimentar la siguiente tabla en la que se trata de evaluar los hábitos de compra de algunos productos. Aunque la tabla es mucho mayor, duda de cómo relacionar la leche, una lavadora, un reloj Rolex y una lápida.

¿Puedes ayudarle cumplimentando la siguiente tabla que te ha enviado?

Hábitos de compra	Conveniencia	Esporádicos	De especialidad	No buscados
Precio				
Comparaciones que hace el consumidor				
Tiempo para toma de decisión				
Desplazamientos para su compra				
Esfuerzos de comunicación y hacia dónde				

5.1. Principios de diseño de productos y servicios

Hoy en día, el mayor reto al que se enfrentan las empresas es al desarrollo de nuevos productos. Tradicionalmente, el desarrollo de productos puede llevarse a cabo por la adquisición de la compañía que desarrolla el producto, por desarrollo interno por parte de la empresa de los nuevos productos.

Para la creación de nuevos productos, y que estos sean exitosos, las empresas habitualmente siguen un **proceso de desarrollo metodológico** donde cada paso es consecutivo:

Además de las etapas de desarrollo, también debemos tener en cuenta los **atributos** que intervienen en cada una de ellas.

**Clasificación de los diferentes atributos
que intervienen en un producto**

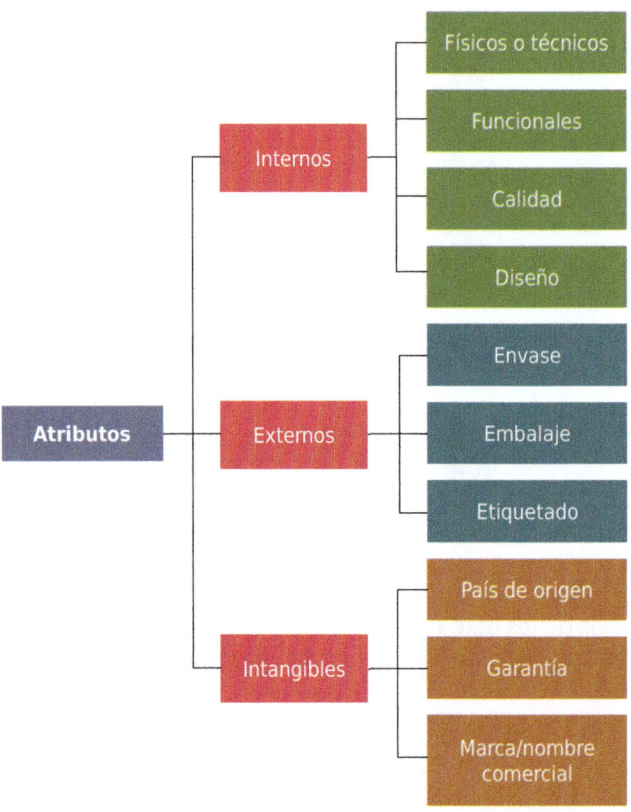

 **NOTA**

Cuando un usuario se refiere a un producto, lo hace habitualmente sumando los atributos internos del producto como la composición (física y técnica) o las funciones, la calidad o el diseño. Pero debemos tener en cuenta que el producto también tiene unos atributos externos como el *packaging*, el envase y el etiquetado, además de los atributos intangibles, como son la marca, el país de origen y, en su caso, la garantía y el servicio al cliente, que también se deben contemplar.

- -

Para la empresa, el producto es lo que produce y/o comercializa en los diversos mercados, pero desde un punto de vista más cercano al consumidor, el producto no debe considerarse solo como un conjunto de características, sino como un conjunto de ventajas que deben satisfacer las necesidades o deseos del cliente, de forma que este aprecie los productos que la empresa le está ofreciendo.

Podemos resumir que un producto está integrado por:

⮑ **Atributos internos.** Los atributos internos son los intrínsecos al producto, es decir, las características físicas, técnicas o funcionales del producto, su calidad y diseño.
Si tomamos como ejemplo un bolígrafo, tendremos: un bolígrafo que sirve para escribir (característica física), que es de plástico y que contiene tinta (composición física) y que tiene un botón con un muelle que, si lo presionas, entra y sale la punta (composición técnica).

⮑ **Atributos externos.** Los atributos externos hacen referencia, como su nombre indica, a los elementos externos del producto.
Dentro de estos atributos se encuentran el envase, el embalaje y el etiquetado del producto. Estos atributos tienen un papel relevante dentro de la comercialización de los productos.
Hay que diferenciar el envase, que contiene el producto, del embalaje, que son los continentes del producto.

⮑ **Atributos intangibles.** Son los atributos que conforman la personalidad del producto, que, aunque son inmateriales, influyen en los consumidores a la hora de adquirirlos o usarlos.
Los atributos intangibles son cuatro: la garantía, el país de origen (el llamado *"made in"*), los servicios ofertados, tanto de pre como de posventa, así como la marca y/o el nombre comercial.

Dentro de los **atributos externos** podemos encontrar otros tres **factores** característicos, como son:

El envase	- Continente o soporte en el que se presenta el producto. Además de contener, proteger y conservar el producto de la temperatura, humedad, golpes…, es la carta de presentación del producto y la empresa y un factor para generar ventas.

Continúa en página siguiente >>

<< Viene de página anterior

El embalaje	- El embalaje se compone de los diversos continentes que sirven para agrupar los envases y proteger la mercancía durante el transporte, facilitando su manipulación.
El etiquetado	- Es la marca, señal o marbete que se coloca en un objeto o en una mercancía para su identificación, valoración, clasificación, etc. El etiquetado debe cumplir con la normativa legal de cada zona geográfica o país. - La información básica que debe recoger una etiqueta es la siguiente: nombre del fabricante, país de procedencia, descripción del contenido, composición o ingredientes, peso o talla.

 SABÍAS QUE...

El *packaging* hace referencia al uso de envases diseñados para su almacenamiento y manipulación, para diferenciarlos de la competencia y como medio de atracción de los consumidores.

Actualmente, las empresas conocedoras de la importancia que ha adquirido el *marketing* experiencial buscan que el usuario aumente su grado de satisfacción, no solo en el momento en el que compra el producto o servicio, sino a lo largo del periodo de vida del mismo para lo que desarrolla estrategias propias para:

➲ **Garantía.** Elemento importante cuando en el mercado no existe una imagen positiva del país de origen o sobre la calidad de los productos.
Permite diferenciar el producto del resto de competidores, por lo que puede convertirse en un importante instrumento promocional y argumento de ventas.

➲ **Servicios.** Los servicios (tanto de preventa como de posventa) que ofrecen las empresas pueden considerarse un elemento diferenciador y de ventaja sobre el resto de las empresas de la competencia.
Actualmente, la calidad y las características técnicas de los productos son más parecidas, por lo que los servicios de preventa y posventa adquieren un peso importante en la decisión de compra de los consumidores.

Entendemos como servicios de preventa el asesoramiento técnico previo, la entrega e instalación, y como servicios de posventa, el mantenimiento, el servicio de reparación y el soporte técnico.

➲ **Procedencia.** Los consumidores valoran los productos por sus atributos externos e internos, pero en otras ocasiones también tienen en cuenta el país de origen o la región de procedencia. No es lo mismo hablar de un vino de La Rioja que de un vino extremeño, pues nuestra percepción sobre el producto es distinta.

Respecto a la imagen de marca país, en ocasiones denominado efecto *"made in"*, es la valoración que hacen los consumidores de un determinado país cuando se le menciona otro país. Se trata de una apreciación que afecta a la decisión de compra de los productos, tanto de forma favorable como desfavorable.

➲ **Nombre comercial.** Título que concede el derecho exclusivo a la utilización de un signo para la identificación de un producto o un servicio en el mercado, que lo distingue del de otras empresas competidoras.

La marca puede estar constituida por palabras o combinaciones de palabras, imágenes, figuras, símbolos, gráficos, letras, cifras, formas tridimensionales (envoltorios, envases, formas del producto o su representación).

5.2. Innovación en el *marketing*

Toda empresa que pretenda ser líder en su sector debe llevar a cabo procesos de innovación que provoquen que sus productos evolucionen hacia las necesidades o demandas de los usuarios, para lo que deben evaluar la situación de cada producto dentro de su cartera de productos y analizar en cuál deben invertir o incluso cuál deben abandonar.

 **DEFINICIÓN**

Cartera de productos
Conjunto de productos que vende una empresa.

La **matriz Boston Consulting Group (BCG)** o matriz de acciones de crecimiento es una herramienta de *marketing* estratégico que nos permite analizar la rentabilidad de los productos y prever su tasa de crecimiento.

Fue desarrollada, en los años setenta, por la consultora Boston Consulting Group que, al igual que la matriz DAFO, busca ayudar a la empresa en la toma de decisiones acerca de las inversiones o desinversiones que se deben llevar a cabo mediante el análisis del producto o mercado de la empresa.

La matriz se compone de un cuadrante horizontal en el que se ubica la participación en el mercado y uno vertical en el que se recoge el crecimiento del mercado. Ambas variables combinadas nos permiten realizar una clasificación de los productos según el posicionamiento de los mismos, y establecer diferentes estrategias. Dentro de la matriz podemos encontrar cuatro tipos de productos: estrella, interrogante, vaca y perro.

- **Estrella:** se refiere a los productos situados en mercados con un alto crecimiento y cuota alta de participación en el mercado.
  Están situados dentro de la fase de crecimiento, ya que son los que presentan mejores posibilidades, tanto de inversión como para obtener beneficios.
- **Interrogante:** productos situados en mercados de gran crecimiento pero que tienen muy baja participación en el mercado.
  Este tipo de productos implica beneficios reducidos y una gran inversión para mantener sus cuotas de mercado.
- **Vaca:** son productos de bajo crecimiento y alta participación de mercado. Generan liquidez, puesto que no necesitan de grandes inversiones y pueden servir para financiar el crecimiento de otros productos o la investigación y desarrollo de otros nuevos.
  Son productos que servirán para generar el dinero necesario para crear nuevas estrellas.
  Estos productos suelen tener altas cuotas de mercado y tasas de crecimiento bajas o nulas.
- **Perro:** productos que no tienen crecimiento y cuya participación de mercado es baja.

Es difícil que estos productos con una baja cuota de mercado y con una pequeña rentabilidad sean rentables, por lo que suelen inmovilizar recursos de la empresa que podrían usarse para otros productos.

 PARA SABER MÁS

Te recomendamos que amplíes la información acerca de la matriz del Boston Consulting Group mediante la lectura del artículo que puedes encontrar, accediendo desde aquí:

https://redirectoronline.com/comm060115

5.3. Ciclo de vida de productos

Cuando nos referimos al ciclo de vida de productos estamos hablando de que la evolución de las ventas de un producto a lo largo del tiempo sigue una serie de etapas que tienen unas características bastante definidas y diferenciadas, estas son: introducción del producto, crecimiento, madurez y declive.

Ciclo de vida del producto

El gráfico ideal se recoge en la imagen anterior, en el que puede verse la evolución de las ventas a lo largo del tiempo desde el lanzamiento del producto hasta que comienza su declive y posterior desaparición.

Asumir que un producto tiene un ciclo de vida nos hace tomar conciencia de que, en cada fase, la empresa vendedora se enfrenta a diferentes retos en cuanto a competencia, beneficios, estrategias que debe seguir, etc.

Las **características** más relevantes de cada una de las etapas del ciclo de vida de un producto son:

- ○ **Introducción.** La fase de introducción es la primera etapa y se inicia cuando se lanza al mercado un producto nuevo o con características novedosas, lo que suele denominarse un producto innovador.
  La duración de esta primera fase depende de la complejidad del producto, de su grado de novedad, de su adaptación a las necesidades del consumidor y de la presencia de posibles sustitutos.
  Es la etapa más arriesgada y costosa donde las ventas suelen ser reducidas y el crecimiento lento a pesar de no tener competencia, pero el producto no es conocido. Se debe crear demanda y eso conlleva incertidumbres y riesgos e invertir en posicionamiento para poder informar sobre este producto.
  Dependiendo de la estrategia de precios, estos serán altos al principio (estrategia de descreme) o bajos para posteriormente cambiarlos.
  Los clientes que adquieren el producto son los innovadores, a los que no les importa arriesgar con tal de ser los primeros en disfrutarlo.
- ○ **Crecimiento.** Si el producto sobrevive a la primera etapa, pasa a la fase llamada de crecimiento. Este es el momento ideal para la expansión, donde la demanda se acelerará, ya que el producto ya es conocido y aceptado por el mercado, lo que provoca un aumento rápido de las ventas.
  Incremento sustancial de beneficios, pudiendo alcanzar en esta etapa los mayores beneficios por unidad vendida pese a que aparecen los competidores con productos que incorporan mejoras. La fuerza de comunicación de la empresa deberá ir orientada a ganarse a los clientes para que prefieran la marca.
  Los precios bajan de forma gradual en aquellas empresas que siguen la estrategia de descreme.
- ○ **Madurez.** Esta tercera fase, denominada de madurez, el crecimiento se reduce o se estanca.
  El proceso de fabricación se estandariza cada vez más, lo que ayuda a reducir los costes de esta y permite ofrecer una gama más amplia de producto para hacer frente a diferentes segmentos.
  Es la fase del ciclo donde hay mayor competencia y la comunicación debe enfocarse a defender su puesto en el mercado. Esta etapa suele durar más tiempo que las anteriores. Para el *marketing* esta fase es un reto.

◓ **Declive.** En la última fase del ciclo de vida del producto, caen las ventas y la producción está completamente estandarizada, existe mayor competencia de precios y los márgenes de beneficios son menores, por lo que puede ser aconsejable mover la producción a otros países, eliminar el producto o sustituirlo por algo nuevo. La promoción se suele reducir al mínimo.

El producto empieza a perder atractivo para los consumidores, que habitualmente son atraídos por nuevos productos que satisfacen la misma necesidad y que suelen ser más completos. En este punto, la oferta supera a la demanda, lo que provoca una reducción del número de empresas que generan el producto, pero aun y todo puede ser necesario reducir los precios y la rentabilidad.

NOTA

En la estrategia de precio el descreme supone poner precios altos en el lanzamiento para luego ir bajándolos según evoluciona en el ciclo de vida del producto.

- -

Cuando nos referimos al ciclo de vida, debemos tener en cuenta que dentro de cada etapa existen diferentes oportunidades y problemáticas respecto a las estrategias de *marketing,* lo que nos obliga a tener en cuenta la fase en la que se encuentra el producto para mejorar el plan de *marketing.*

Aunque este modelo entiende que todos los productos atraviesan las cuatro fases, lo cierto es que algunos fracasan al poco de lanzarlos al mercado, mientras que otros pueden permanecer estables durante mucho tiempo. Si la empresa desarrolla una acción de *marketing,* puede alterar el ciclo de vida del producto y lograr que de la fase de madurez vuelva una nueva fase de crecimiento.

La duración de las fases no tiene asignada un tiempo igual para todas ellas, sino que dependen del tipo del producto, la innovación que suponga, las acciones comerciales de la empresa, la aparición de productos sustitutivos, la velocidad con que aparezcan nuevas tecnologías...

 **DEFINICIÓN**

Economía de escala
Producir mayor cantidad de productos a un menor coste de producción.

- -

Aunque se habla del ciclo de vida, este no es universal, puesto que podemos encontrar diferentes modelos.

**Modelos diferentes de la gráfica del ciclo
de vida del producto**

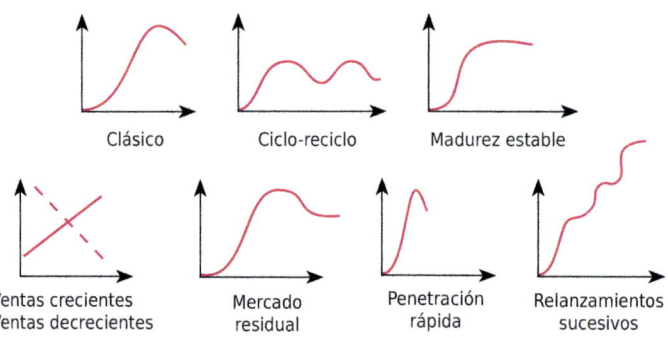

En las siguientes unidades de aprendizaje veremos la relación de las etapas del ciclo de vida del producto con respecto a las decisiones que se toman teniendo en cuenta las variables del *marketing mix*.

 TAREA 2

Iratxe tiene que visitar a un cliente que quiere lanzar un nuevo producto y quiere analizar su viabilidad. Para ello quiere mostrarle un cuadro en el que se recojan para cada una de las etapas la evolución de los diferentes elementos que intervienen en su venta.

¿Puedes ayudarle a diseñar el cuadro y cumplimentarlo con las características de cada fase?

Continúa en página siguiente >>

<< Viene de página anterior

	Introducción	Crecimiento	Madurez	Declive
Ventas/ demanda				
Competidores				
Precios del producto				
Producto, características, variaciones de diseño				

5.4. Disminución de ventas en el ciclo de vida del producto

Tradicionalmente se considera que la desaparición de los productos se debe a la aparición de productos sustitutivos más novedosos que realizan de forma más eficiente la función que desempeñaba el antiguo.

Este fue el caso de la desaparición de las máquinas de escribir cuando aparecieron los ordenadores; de la televisión en blanco y negro cuando apareció la de color; la de los videoclubs cuando surgieron plataformas como Netflix, y así podríamos continuar con otros muchos ejemplos. Pero otras razones que hacen disminuir las ventas, además de los avances tecnológicos, son las modificaciones en los gustos de los consumidores y el aumento de la competencia.

Si las únicas causas fuesen las anteriores, el ciclo de vida del producto sería una línea horizontal a un determinado nivel de ventas, todos compraríamos los productos según fuesen encontrándose en el mercado. Pero en la práctica no todos los consumidores somos iguales a la hora de lanzarnos a la compra de nuevos productos.

Atendiendo al tiempo en el que tardan los consumidores en adoptar las innovaciones, se ha establecido una clasificación:

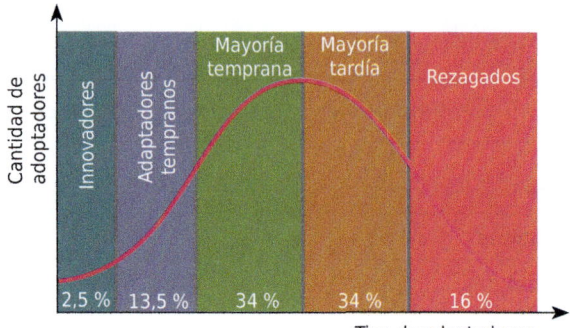

- **Innovadores:** son los primeros en comprar el producto.
- **Adoptadores tempranos:** o también llamados iniciales, son muy numerosos y funcionan como líderes de opinión, además de tener la capacidad de influencia sobre el resto de los adoptadores posteriores. La publicidad inicial debe dirigirse a captar a este grupo de consumidores.
- **Mayoría temprana:** o también llamada primera mayoría. Grupo numeroso, cuya captación es importante para asegurar la rentabilidad futura del producto. Son menos amantes del riesgo que los anteriores y deliberan más, por lo que no adquieren el producto hasta que no esté lo suficientemente difundido.
- **Mayoría tardía:** grupo numeroso con aversión al riesgo que solo adquirirá el producto cuando esté muy difundido.
- **Rezagados:** solo adquieren el producto cuando esté muy difundido y aceptado por la sociedad.

 ## ACTIVIDAD COMPLEMENTARIA

2. Realiza un análisis en el grupo de consumidores en el que te encuentras. Elige un producto que te guste mucho, o alguna afición tuya, por ejemplo, y piensa como consumidor si eres innovador, adaptador inicial, primera mayoría, mayoría tardía o rezagado. Luego escoge otro totalmente distinto y que no te atraiga tanto. Verás que en un tipo de producto eres un tipo de consumidor y en otro tipo serás otro. ¿Por qué se da esto?

6. Definición de las dinámicas derivadas del establecimiento de precios

 HILO CONDUCTOR

Mientras el departamento de *marketing* de Sol Naranja analiza el ciclo de vida de cada uno de sus productos, se da cuenta de que tiene algunos productos de baja venta debido a su precio, pues los productos son iguales que los de la competencia y Sol Naranja los tiene con precios bastante más altos. No hay nada que los diferencia y justifique ese precio tan elevado.

El precio es un elemento que tanto las empresas como las organizaciones sin ánimo de lucro deben fijar para sus productos y servicios. Las empresas tienen que cobrar para seguir fabricando y ofreciendo el producto o servicio. Podemos establecer que el precio es la suma de todo lo que cuesta producir el producto o servicio, al que se le incorporan el margen de beneficios, el valor de marca que tiene intrínseco y los beneficios que obtienen los consumidores y usuarios al consumirlo.

El único elemento del *marketing mix* que aporta un beneficio, que tiene unos efectos más rápidos sobre las ventas y el que mayor flexibilidad ofrece al modificarlo, es el precio.

RECUERDA

Es importante que exista coherencia entre las cuatro variables de *marketing mix* si deseamos tener una imagen de marca y un posicionamiento sólido en el mercado.

Un error que cometen algunas empresas es trabajar exclusivamente la variable precio, modificándola al alza o a la baja según necesiten obtener un efecto inmediato sobre las ventas. Si el precio se estableciera sin modificar otras variables, la percepción del consumidor sobre la empresa o el producto puede verse distorsionada, lo que puede provocar una disminución de la fidelidad hacia la marca, empresa o productos.

6.1. Precio y decisiones de compra

La fijación del precio no es tarea fácil, por un lado, tenemos lo que cuesta producir el producto más los beneficios que quiere obtener la empresa, a los que hay que sumarles el valor de marca que tiene intrínseco y los beneficios que obtiene el consumidor. El uso de una regla de fijación de producto es apropiado cuando queremos establecer los precios de un producto, pero ¿qué pasa cuando queremos establecer el precio de un servicio? En este caso desaparece el coste de producir el servicio.

Esta es una de las razones por las que algunos servicios se cobran dependiendo de las horas trabajadas. Un fontanero que va a tu domicilio a realizar una reparación cobra el material más el tiempo que dedica a solventar la avería. Entonces, ¿cómo te cobrará un desarrollador web para realizar tu página? Si te cobrase por hora trabajada, tu página tendría un precio desorbitado. Por tanto, ¿cuál es la manera más adecuada de establecer el precio?

Antes de adentrarnos en los distintos métodos de fijación de precio, es importante que desarrollemos la siguiente afirmación: **el precio puede ser un indicador de calidad y variar el valor percibido por el consumidor.**

Los indicadores de calidad son señales que, de forma indirecta, informan al comprador sobre la calidad del producto. Puede ser el color de un huevo, el olor a pino de un detergente, la espuma que genera un champú, el sonido de un aspirador... Existen un millar de indicadores que, siendo falsos o no, a nosotros nos indican si un producto es de calidad.

Y un indicador muy potente es el precio, pero las personas solo lo usan en las ocasiones en las que no exista ningún otro indicativo. Por ejemplo, estoy invitada a una cena y me encargo del vino. No entiendo cuáles son buenos o malos, de hecho, no soy ni consumidora. Llego a la tienda y me dejo asesorar, o voy a la lista de precios y escojo el que, por su alto coste, creo que es adecuado para la cena. Por el contrario, el consumidor formado no utilizará el precio para valorar la calidad.

A continuación, se exponen algunos **indicadores:**

⮞ **Por costes.** Son los más frecuentes en empresas que no son de servicios. Consiste en fijar un margen de beneficio una vez conocido el coste unitario de fabricación del producto.
Podemos calcular el margen de beneficio sobre el coste o sobre el precio de venta.

Margen de beneficio sobre el coste

$$P = C_t + \left(\frac{M_c}{100} \times C_t \right)$$

P= Precio de venta unitario
Ct= Coste unitario de fabricación
Mc= Margen de beneficio en tanto por uno sobre el coste

➲ **Por competencia.** En aquellos mercados en los que existe una empresa líder suele ser frecuente fijar los precios tomando como referencia los movimientos que esta realiza. En este caso el precio varía dependiendo del poder de mercado, los servicios adicionales al cliente, o dependiendo de la imagen de marca.
Es una estrategia muy habitual llevada a cabo por los pequeños comercios de barrio para hacer frente a los hipermercados de la zona, por ejemplo.

➲ **Demanda.** El punto de partida es el precio que los consumidores estarían dispuestos a pagar por un bien o servicio.
Los métodos más comunes son:

○ **Discriminación de precios.** Consiste en vender un mismo producto a distintos precios, dependiendo del lugar, del cliente o de la época del año de que se trate.

○ **Experimentación.** Consiste en probar durante un periodo de tiempo varios precios para un mismo producto, con el fin de determinar la repercusión de los mismos en la demanda, y fijar el más conveniente para los objetivos de la empresa.

○ **Intuición.** Consiste en fijar los precios basándose en la presunción de los efectos que los mismos vayan a tener sobre la demanda. Este método parte de la idea de que la empresa está en una situación de monopolio u oligopolio (mercado dominado por un pequeño número de vendedores) con fuerte diferenciación.

➲ **Umbral de rentabilidad.** Un cálculo básico para las empresas es conocer con qué nivel de ventas empezarían a tener beneficios. Llamaremos punto muerto o umbral de rentabilidad al número de unidades vendidas que precisa la empresa para comenzar a tener beneficio. En este punto, los ingresos son iguales que los costes. Aquí la empresa no obtiene ni beneficios ni pérdidas.

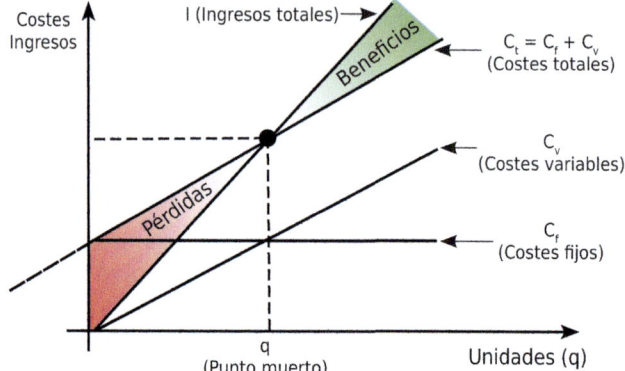

 **APLICACIÓN PRÁCTICA**

Una empresa es conocedora de que el coste unitario de fabricación de un producto es de 15 €. ¿Puedes indicarle cuáles serán los precios de venta si quiere obtener un margen de beneficio del 25 % sobre el precio de coste?

Solución

La respuesta correcta es 18,75, pues es el resultado de aplicar las fórmulas de precio.

Margen de beneficio sobre el coste

$$P = C_t + (\frac{M_c}{100} \times C_t) = 15 + (\frac{25}{100} \times 15) = 18,75€$$

P= Precio de venta unitario
Ct= Coste unitario de fabricación
Mc= Margen de beneficio en tanto por uno sobre el coste

6.2. Relación del precio con la demanda

Hemos comentado que el precio es una variable del *marketing* cuya variación produce unos efectos más rápidos sobre las ventas. Aún nos queda por establecer en qué sentido se producen estos efectos.

La teoría económica nos indica que la relación entre la oferta y la demanda es inversa:

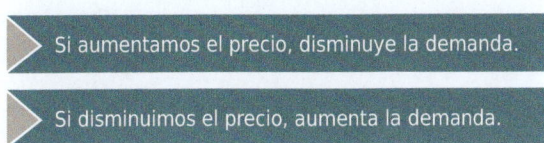

> Si aumentamos el precio, disminuye la demanda.

> Si disminuimos el precio, aumenta la demanda.

Pero esta relación que parece tan obvia se incumple con más frecuencia de lo que en un principio pudiese parecer, porque a la hora de tomar una decisión de compra, los consumidores tenemos en cuenta otras variables que hacen que no seamos tan racionales como establece esta teoría económica.

Un elemento anhelado por las empresas es aquel que les permita conocer la manera en la que varía la demanda de sus productos cuando se producen cambios en las distintas variables que les afectan (controladas o no por la empresa). Aquí es donde entra el término "elasticidad de la demanda", que **mide la variación de la demanda de un producto cuando cambia alguna variable que le afecta.**

Cuando nos referimos a la variable precio, podemos hablar de la "elasticidad del precio de la demanda", es decir, estudiar la sensibilidad de nuestra demanda a las variaciones del precio del producto. Pongamos dos ejemplos para reflexionar:

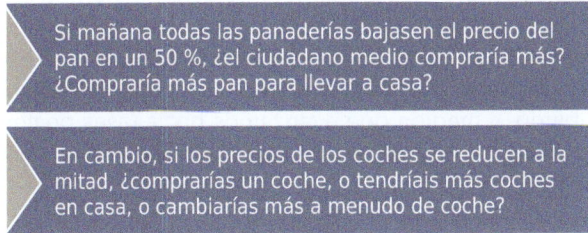

> Si mañana todas las panaderías bajasen el precio del pan en un 50 %, ¿el ciudadano medio compraría más? ¿Compraría más pan para llevar a casa?

> En cambio, si los precios de los coches se reducen a la mitad, ¿comprarías un coche, o tendríais más coches en casa, o cambiarías más a menudo de coche?

Analizando las dos situaciones anteriores, seguramente habrás llegado a la conclusión de que mientras la demanda del pan apenas sufriría variaciones, la demanda de los automóviles variaría de forma significativa.

¿A qué se debe que las variaciones de los precios unas veces produzcan efectos tan pequeños y otras veces otros tan grandes? La respuesta reside en el **tipo de demanda** que podemos encontrarnos:

Demanda elástica	Nos referimos a este modelo de demanda cuando los consumidores son muy sensibles al precio (al alza o a la baja). Sucede con bienes de lujo o bienes no imprescindibles como son los coches.
Demanda inelástica	Aquí los consumidores no son sensibles al precio, como ocurre en bienes necesarios como el pan o aquellos que producen adicción como el café o el tabaco.

Las causas que explican que la demanda sea de uno u otro tipo residen en el tipo del producto, aunque también puede darse alguna de las siguientes **causas:**

➲ **Sustitutos cercanos.** Si nuestro producto tiene un sustitutivo que puede desempeñar la misma función, nos encontraremos con una demanda elástica. Por ejemplo, el encarecimiento del precio de los billetes de tren puede suponer una fuerte caída de la demanda de este servicio que puede ser sustituida por el transporte en autobús, en coche y, según qué distancias, en avión.
➲ **Diferenciación.** Una ventaja de tener un producto diferenciado del de la competencia se traduce en una mayor fidelidad de nuestros clientes mientras que si vendemos un producto muy homogéneo, nuestros clientes serán muy sensibles al precio, y si la competencia varía a la baja el precio, los consumidores cambiarán rápidamente para obtener un producto muy similar.
➲ **Ciclo de vida.** En las primeras fases del ciclo de vida la demanda puede ser muy inelástica con respecto al precio, no hay muchos competidores y además los innovadores o adaptadores tempranos suelen ser poco sensibles al precio. En estas fases suele ser aconsejable fijar precios altos; sin embargo, a medida que avanzamos hacia fases posteriores, la elasticidad aumenta, por lo que suele ser efectiva una reducción de los precios.

6.3. Estrategia de precio y valor

Muchas de las estrategias para calcular el precio de un producto o servicio se basan en la existencia de diferentes tipos de consumidores respecto a la valoración del tiempo que dedican a la compra. Por ejemplo, los que no le dedican mucho tiempo a comprar, investigar y decidirse quizá porque no es excesivamente importante para ellos o no son sensibles al precio, entre otras razones. Y luego podríamos hablar de quienes dedican mucho tiempo y son muy sensibles al precio; buscan los mejores precios dentro de la gama de calidad que les interesa, obtienen información y comparan las características de las distintas alternativas.

Cuando el consumidor lleva a cabo una compra, esta se asocia con el riesgo. Este es el verdadero motivo por el que se le dedica más o menos tiempo, porque las consecuencias de equivocarnos son mayores, corremos riesgos económicos (cuando compramos una casa), para la salud (cuando compramos un servicio estético) o también sociales (al hacer el ridículo entre nuestro grupo de referencia al comprar un determinado producto).

Para entender la relación que guardan las estrategias de precio y valor, clasificaremos las estrategias en cinco grandes **grupos,** recogiendo dentro de cada uno diferentes estrategias de precio.

Nuevos productos

Estas estrategias, como su propio nombre indica, se aplican en el momento en el que se lanza al mercado un nuevo producto. Existen estrategias de descremación y de penetración:

- **Descremación.** Es una estrategia de nuevo producto. Se trata de la estrategia en la que una empresa decide cobrar al principio un precio elevado por el nuevo producto para que sea adquirido por aquellos compradores que realmente lo desean y tienen la capacidad económica para hacerlo. Una vez satisfecha la demanda de ese segmento y a medida que el producto avanza en su ciclo de vida, se va reduciendo el precio para aprovechar otros segmentos más sensibles al precio.
- **De penetración.** Se trata de la estrategia para productos nuevos, pero contraria a la descremación. Consiste en fijar un precio inicial reducido que atraiga a los compradores de forma masiva, tratando de penetrar en el mercado rápida y eficazmente, es decir, para atraer en poco tiempo a un gran número de consumidores y conseguir una gran cuota de mercado.
  Permite conseguir una difusión rápida del producto, aunque los beneficios obtenidos por cada unidad vendida sean menos elevados.
  Un caso de esta estrategia de precios es el de las colecciones que lanzan las editoriales en las que los primeros fascículos tienen un precio muy bajo y luego lo van subiendo.

Diferenciales

Esta estrategia consiste en fijar distintos precios para los mismos productos aprovechando las diferencias que existen entre los consumidores. Dentro de esta estrategia encontramos la de descuentos aleatorios, rebajas o descuentos periódicos, de segundo mercado, precio fijo, precio por pronto pago, por cantidad y estacionales.

➲ **Descuentos aleatorios.** Consiste en reducir el precio en determinados momentos y/o en zonas con el objetivo de captar a los nuevos clientes sensibles al precio.
En este tipo de descuentos aleatorios, las empresas intentan que el consumidor tenga que decidir inmediatamente sin tener tiempo para comparar. Esa generación de estrés en el consumidor por no perder la oferta sueles ser muy rentable para la compañía.
Por ejemplo, en los cursos *online* son muy comunes: "Cómpralo ahora con un descuento del 35 % hasta mañana a las 7; luego el precio será el normal".

➲ **Rebajas o descuentos periódicos.** Estos son predecibles por los consumidores y su objetivo es atraer a diferentes tipos de clientes, sobre todo a aquellos que buscan precios bajos.
La clave está en que se produce el producto para los dos tipos de clientes (los que no buscan los precios bajos y los que sí). Los primeros compran y dan unos beneficios mayores que los segundos, pero esto está previsto y compensa, ya que, al producir para los dos segmentos, se disminuyen los costes de producción (cuanto más produces, más barato es la producción de una unidad).
Las rebajas son descuentos en determinadas fechas del año y son conocidas por el consumidor.
Los descuentos no deben aplicarse en exceso, ya que dejan de ser interesantes.
Existen otras formas de discriminación de precios, como por ejemplo las que tienen en cuenta las características de los clientes. Un ejemplo son las compañías de seguros que tienen en cuenta la edad, el historial del cliente... para hacerles un precio u otro.

➲ **Segundo mercado.** Esta estrategia se emplea en aquellas empresas que tienen capacidad ociosa. Consiste en poner unos precios sensiblemente inferiores a los normales en algún segmento del mercado para que, al menos, cubra los costes variables unitarios. Precios inferiores por edad (menores de quince años, mayores de sesenta y cinco...), por ser estudiantes, jubilados...

➲ **Precio fijo.** La política del precio fijo consiste en vender los productos al mismo precio y con las mismas condiciones a todos sus clientes. Son habituales en productos de compra frecuente, que suelen ser los de primera necesidad.

◐ **Por pronto pago.** Son reducciones en el precio que se concede al comprador que paga antes de que venza el plazo determinado. Habitualmente suele ser a 30, 60 o 90 días.

◐ **Por cantidad.** Es una reducción en el precio cuando se adquiere una cantidad superior a la normal. No es el mismo descuento el que puede obtener un panadero al comprar 20 kilos de harina para su obrador que si se juntase con cinco panaderías y comprasen 1.000 kilos; pueden obtener un descuento mayor.

◐ **Descuentos estacionales.** Son los ofrecidos para las compras fuera de la estación donde más se suele comprar. Se suelen determinar diferentes periodos. Un ejemplo es hospedarse en Benidorm, donde hay precios diferentes en agosto que en invierno. Otro ejemplo de descuento estacional puede ser el día del espectador en el cine.

Competitivos

Son estrategias en las que se usa el precio como instrumento decisivo para reforzar la posición competitiva de la empresa; estrategias como las del indicador de calidad, de equiparación, diferenciación y mantenimiento:

◐ **Indicador de calidad.** El precio supone un indicador de forma indirecta, ya que se considera una señal que informa sobre la calidad real del producto. Pero el precio es un indicador exclusivo solo cuando no hay otras señales como puede ser la imagen de marca. Y si el cliente no tiene la capacidad para valorar la calidad objetiva del producto, utilizará muy probablemente el precio como un indicador de calidad. Por el contrario, el consumidor formado no empleará el precio para valorar la calidad.
Por ejemplo, si no entiendes de vinos ni de bodegas y debes comprar uno para ir de invitado a una cena, es muy probable que para la compra te guíes por su precio.
Respecto a la calidad y precio, podemos hablar de varias estrategias:

1. Precio **acorde** con la calidad del producto, por ejemplo, BMV o Mercedes venden sus coches a un precio acorde con la calidad apreciada por el mercado.

2. Precio **inferior** al que corresponde a la calidad del producto. Suele ser una estrategia temporal, tiene como fin captar clientes de la competencia o ganar rápidamente a clientes en mercados nuevos.

3. Precio **superior** al que corresponde por calidad. Independientemente de la cuestión ética (porque antes o después nos descubrirán), para que tenga éxito esta última estrategia han de darse las siguientes condiciones:

a. Que los consumidores quieran alta calidad y estén dispuestos a pagarla.
b. Que no tengan tiempo ni conocimientos suficientes para valorar objetivamente la calidad del producto.
c. Que sigan existiendo personas prescriptoras que lo usen de forma que la asociación se siga haciendo.

- **Equiparación.** Se utiliza cuando hay gran cantidad de productos en el mercado y están poco diferenciados. En este caso la empresa no dispone de control sobre el precio.
  Es también una estrategia habitual cuando existe un precio tradicional o de costumbre, como es el caso de los periódicos.
- **Diferenciación al alza.** El objetivo es transmitir una imagen de calidad o exclusividad a fin de captar los segmentos con mayor poder adquisitivo. Es adecuada para empresas con imagen de calidad, con productos muy diferenciados y cuando un grupo de consumidores percibe que no hay productos totalmente sustitutivos.
  Requiere de la adopción de un precio selectivo, que busca una determinada cifra de ventas en un conjunto de consumidores que se caracterizan por estar dispuestos a pagar un precio elevado por el alto valor que perciben del producto.
- **Diferenciación a la baja.** El objetivo es estimular la demanda del público que ya se tiene o del potencial que es sensible al precio.
  También se puede decidir bajar el precio si se sabe que los costes variables de los competidores son superiores y, por lo tanto, no pueden reaccionar, al menos rápidamente, sin perjudicar su rentabilidad.
  Un ejemplo serían los supermercados que ofrecen productos de marca propia, ya que fijan sus productos con precios en torno a un 8-10 % menos que los de marcas registradas.
- **Mantenimiento.** Mantener los precios para evitar reacciones imprevistas de los consumidores ante una subida de precios.
  Esta estrategia se lleva a cabo cuando la organización tiene una elevada participación en un mercado de gran estabilidad.

Línea de productos

Conjunto de estrategias cuyo objetivo es que los precios de unos productos apoyen a otros con el fin de aumentar los ingresos totales de la empresa. Destacan las estrategias de imagen, paquete o bonos, prima o recargo, cautivos, gancho con pérdidas, línea de productos y productos complementarios.

- **Imagen.** Consiste en comercializar un producto similar a otro básico de la empresa con algunas mejoras que no justifican realmente el aumento de precio y con una marca diferente.

- **Paquete o bonos.** Consiste en fijar un paquete de productos a un precio inferior al que se obtendría de sumar individualmente cada uno de los componentes. Esta estrategia suele aumentar los ingresos de los establecimientos, ya que, aunque se genera un margen menor, los consumidores también compran más de lo que lo harían sin el precio del paquete. Se aplica siempre a productos complementarios o independientes, nunca sustitutivos.
- **Prima o recargo.** Consiste en poner precios distintos para versiones de los productos distintos. Son precios que se fijan continuos en el tiempo y se suelen aplicar en bienes de consumo duraderos (lavadora), perfumes (con envase especial o normal), hoteles (*suites* frente a habitaciones normales)...
- **Cautivos.** Consiste en poner un precio bajo a un producto principal y obtener altos márgenes de beneficios en los productos accesorios: maquinillas de afeitar y cuchillas de recambio; impresoras y cartuchos de tinta. La clave está en un coste de cambio de marca: he adquirido el producto principal (maquinilla) y los bienes accesorios; si deseo probar otro, deberé soportar el coste del gasto del producto principal.
  Otros ejemplos serían los cromos con el álbum o las impresoras con los cartuchos de tinta.
- **Gancho con pérdidas.** Muy común en el sector de la alimentación y sobre todo en grandes superficies. Consiste en fijar un precio por debajo del coste en los productos que los consumidores suelen utilizar para comparar precios en los establecimientos: leche, aceite, pan, zumos. La empresa atrae, pero carga altos márgenes de beneficios en el resto de los productos del establecimiento.
  Aunque esta práctica está prohibida por la ley de tutela contra la competencia desleal, al considerar que distorsionan la percepción que el consumidor tiene de los precios reales del establecimiento, como es difícil demostrar es una práctica que se da con frecuencia.
  También la utilizan los fabricantes de automóviles, anunciando las versiones básicas de los coches para atraer al público a su tienda y después intentar que compren un coche más completo, donde intervienen las habilidades del vendedor.
- **Línea de productos.** Las empresas disponen de líneas de productos, y para la fijación de precios la empresa debe decidir cuál debe ser la diferencia de precio entre los diferentes productos de la línea.
  Un ejemplo son las tiendas de moda masculina, que pueden tener tres diferentes niveles de precios para sus trajes: 180, 320 y 495 euros. El cliente probablemente asociará trajes de baja, media y alta calidad a estos tres niveles de precios mencionados.
- **Productos complementarios.** Se trata de productos que se suelen consumir de forma conjunta con el principal, por lo que las empresas pueden fijar un precio del *pack* a un precio inferior que la compra por separado, buscándose así un beneficio global conjunto que haga

atractivos los productos. Por ejemplo, lentes de contacto y el producto para limpiarlas.

Una variante son los paquetes de productos, que son los que incluyen varios artículos a un precio inferior al de compra de forma individual, aunque no sean complementarios e incitan a comprarlos.

Psicológicos

Estas estrategias se basan en la forma en que el mercado percibe y asimila los precios y los asocia con el producto.

Hemos visto dos efectos psicológicos de los precios como son los precios bajos (que normalmente se asocian a la calidad inferior del producto) y los precios de prestigio, explotado por aquellas empresas que desean dar una imagen de superioridad del producto. Otras estrategias son las de los precios habituales, cifras finales y valor percibido.

- ⊃ **Habituales.** Aquellos precios que terminan asociándose como precio normal de ese producto y que cuesta mucho modificarlo. Suele darse en productos de consumo frecuente y de desembolso reducido. Por ejemplo, la prensa diaria.
- ⊃ **Cifras finales.** Un precio con decimales 9, 99 o 95 suele dar la sensación de rebajado (una empresa que quiera dar una imagen de prestigio no debe utilizarlos nunca), mientras que los productos redondeados al alza (terminados en 0 o 5 y si es posible sin decimales) dan imagen de productos de categoría superior.
- ⊃ **Valor percibido.** Fijar el precio acorde con los atributos percibidos del producto consiste en incluir en el precio otros elementos que rodean al producto. Por ejemplo, no valoramos lo mismo tomar un café en el bar del barrio a tomarlo en una famosa cafetería de París, aunque el producto principal pueda ser similar, pero entran en juego la decoración, la historia del lugar, la localización...

 **DEFINICIÓN**

Capacidad ociosa o no utilizada

Se dice de la parte de la capacidad de la empresa, bien productos o servicios, que no se usan, pero están ahí. Por ejemplo, aviones que vuelan medio vacíos, u hoteles sin un 100 % de ocupación, o restaurantes que no ocupan todas sus

Continúa en página siguiente >>

<< Viene de página anterior

mesas en cada servicio, empresas que su maquinaria trabaja por debajo de su potencial, personal desocupado, etc. Conocer la capacidad ociosa de una empresa es muy importante porque está generando gastos y no ingresos.

Si continuamos con la pregunta que lanzamos al inicio de este apartado acerca de cómo fijar el precio, debiéramos ser capaces de responder a las siguientes preguntas:

¿A quién le vendo?
Identificar al público objetivo, sus necesidades y los atributos que valoran para tener satisfecha su necesidad.

¿Qué le vendo?
Elegir el producto y su propuesta de valor. Tenemos que saber los elementos que son importantes y los que no para el segmento al que se dirige la empresa. Hay que ofrecerle al público lo que busca y no al resto que no lo necesita, no lo busca o considera que su coste es elevado para ellos.

¿Qué precio le pongo?
Ha llegado el momento de definir el precio que consideramos que el público, con respecto al valor percibido del producto, está dispuesto a pagar por el mismo.

Una vez que hemos respondido a las preguntas anteriores, ya podemos decir que debemos tener en cuenta la percepción del valor y la sensibilidad al precio del público objetivo al que nos enfocamos a vender nuestros productos o servicios.

Exclusivamente la percepción de valor no es decisiva para conocer el precio, también debemos conocer su sensibilidad al precio. A muchas personas les gustaría conducir coches de alta gama de los que perciben un alto valor: Mercedes, BMW, Tesla o superiores, pero ¿por qué no hay más coches de esas marcas por las calles? Se explica con el otro concepto, la sensibilidad al precio. No todos los clientes con igual percepción pueden tener la misma **sensibilidad al precio.**

La sensibilidad al precio es un concepto que produce cambios en la demanda cuando este concepto también varía. Es decir, se deben trabajar las diferentes estrategias para definir el precio adecuado, y una vez establecido dicho precio, comunicar el valor del producto.

No podemos olvidar que el proceso tiene que incorporar dos pasos más:

Cobrar el producto o servicio
Si en este punto incorporamos la segmentación de precios, provocaremos que los menos sensibles al precio, aquellos que están dispuestos a pagar un precio más alto por el producto, aprovechen los precios más bajos de lo que estuvieran dispuestos a pagar y que estaban destinados a otros segmentos.

Comunicar
La comunicación debe centrarse en el valor que aporta el producto y en el buen precio al que se puede adquirir.

 **EJEMPLO**

Veamos todos los pasos anteriores con un ejemplo práctico: una empresa de cosmética natural con productos de belleza e higiene.

¿A quién vende? A un público concienciado con lo natural y que le gusta cuidarse la piel.

¿Qué le vende? Productos naturales, entre ellos aceite de argán ecológico 100 % virgen puro, 100 % natural ecológico, sin perfumes ni parabenos.

¿Cuánto cobrar? El aceite de argán que vende tiene una alta concentración de argán, más que el de su competencia, y el coste de producción ya es elevado.

¿Su público es sensible al precio? Aunque sabe que tiene más argán, ¿estaría dispuesto a pagar más de lo que paga en la competencia?

Si se detecta que el público objetivo es sensible al precio y no está dispuesto a pagar más de lo que paga en la competencia de cosmética natural, aunque tenga más concentración de argán, una de las salidas puede ser bajar esa concentración y así bajar el precio y posteriormente comunicarlo dándole valor.

7. Identificación de las posibilidades de los canales de distribución y venta

👉 HILO CONDUCTOR

Los productos Sol Naranja llevan años vendiéndose en grandes hipermercados e incluso en tiendas de barrio. Quieren analizar si abrir otros canales de distribución, como puede ser la venta *online*. Tienen una gama de productos de limpieza naturales y se plantean su distribución en tiendas especializadas en productos naturales que tanto han proliferado en las ciudades.

- -

Hasta la llegada de internet las empresas que vendían productos (no servicios) en raras ocasiones proporcionaban sus productos directamente al consumidor (excepto en los mercados), y han necesitado siempre de otras empresas o intermediarios para que sus productos llegasen a los consumidores finales.

Con la aparición de internet esto ha cambiado, pero, aunque se tenga la posibilidad de vender *online,* cuando hablamos de venta en grandes cantidades, sin intermediarios, es muy difícil. Por ejemplo, antes de internet, para que las naranjas llegasen del agricultor a tu mesa se necesitaban intermediarios; ahora puedes comprarlas directamente del productor que las ha puesto a la venta en una página *online* y recibirlas en tu casa. Hay que tener en cuenta que, detrás de una web, hay mucho esfuerzo para ser reconocido por parte de los consumidores y usuarios y conseguir una gran cantidad de pedidos.

Un canal de distribución es el camino que sigue un producto desde el origen de su producción hasta el consumidor final, de la forma más eficiente y económica posible.

 VÍDEO

Puedes visualizar un vídeo donde se realiza una explicación acerca de los diferentes canales de distribución de un producto, accediendo desde aquí:

Continúa en página siguiente >>

<< Viene de página anterior

https://redirectoronline.com/comm060116

- -

Generalmente, la distribución es un elemento externo de la empresa, lo que significa que esta no lo puede controlar totalmente, siendo un riesgo. Bimbo, por ejemplo, puede ofrecernos un producto de calidad a un precio muy bajo en estos tiempos, pero no conseguirá el éxito en ventas y en satisfacción del cliente si su cadena de distribución es mediocre y el producto no se exhibe como el plan de *marketing* ha determinado.

De aquí surge la fortaleza de las cadenas de distribución y su importancia dentro del mercado, grandes compañías que pueden hacer triunfar o fracasar el plan de *marketing* de la empresa. Tienen un inmenso tamaño y poder, por lo que las empresas deben tratarlas con cuidado, ya que forman parte de la generación de valor de marca.

 VÍDEO

Puedes ver un vídeo en el que se analiza el camino que recorren las naranjas desde el propio agricultor hasta que llega a un cliente, pasando por un punto de venta. Para ello accede desde aquí:

https://redirectoronline.com/comm060117

- -

La distribución abarca todas las actividades que relacionan la producción con el consumidor final o usuario industrial sin experimentar transformación alguna en el recorrido, en el momento que este lo demande, creando los suficientes puntos de venta cercanos a él para que pueda adquirir el producto. Además, realiza actividades de información a otros intermediarios y a los compradores, promoción y presentación del producto en el punto de venta a fin de fomentar su compra como carteles, folletos, pruebas en grandes superficies, promotores, etc. No debemos confundir la distribución con la logística de distribución, que es la que desarrollan las empresas de paquetería como Envialia o DHL, entre otras muchas.

Al conjunto de personas que se encuentran entre el productor y el consumidor les denominamos intermediarios.

En la mayoría de los casos, los intermediarios son **organizaciones independientes** del productor y su vinculación con el mismo se realiza a través de la firma de contratos de compraventa, comisión o depósito. Por ejemplo, con la venta de bolígrafos BIC, no hay tiendas de su marca, la empresa vende a hipermercados, tiendas de barrio, etc.

Podemos encontrarnos casos en los que no existen los intermediarios, puesto que la distribución es realizada por la **propia empresa,** como por ejemplo el grupo Inditex, que distribuye sus productos a sus tiendas propias como Zara. Este modelo se utiliza mayoritariamente cuando lo que se vende es un servicio que se presta de forma directa, como un peluquero o la venta de un seguro.

7.1. Clasificación de los tipos de canales

Para llevar a cabo la clasificación de los tipos de canales, tenemos que partir de la premisa de que los productos de consumo y los industriales precisan de canales diferentes. La longitud de los canales no es la misma, puesto que el tipo de producto será corto, medio o largo dependiendo del número de intermediarios que se encuentren a lo largo del proceso.

Los agentes que intervienen en los diferentes canales son: fabricante o productor, consumidores y, entre medio, **mayoristas y minoristas o detallistas,** aunque estos dos últimos no siempre están presentes en el canal, como en el caso de Ikea, donde el propio fabricante asume las funciones de mayorista y minorista.

**Representación gráfica de los
intermediarios en un canal de distribución**

7.2. Agentes que intervienen en el canal de distribución

A continuación, analizaremos los distintos agentes que intervienen en el canal de distribución. Recuerda que no es obligatorio que todos ellos estén presentes.

Los **mayoristas** son aquellos que venden al por mayor, es decir, venden a los detallistas, a otros mayoristas o a los fabricantes de otros productos, pero no al consumidor final. Atendiendo a la relación de propiedad, a su localización y a su forma de actividad, podemos describir distintos **tipos de mayoristas:**

⊃ **Relación propiedad:**

  ◊ **Independientes.** Estos mayoristas no tienen ningún vínculo de propiedad con otros miembros del canal. Ejemplo: Makro.
  ◊ **Con vínculos de propiedad.** Estos mayoristas tienen vínculos con otros miembros del canal, los casos más habituales son:

    ⇕ **Las agrupaciones de compra** se pueden definir como asociación de comerciantes de carácter horizontal, es decir, formadas por miembros de un mismo canal de distribución. Su principal función es realizar compras en común y así poder tener mayor poder de negociación con los proveedores y mejores precios y condiciones que los que los que hubieran obtenido individualmente. No son una sociedad, no tienen personalidad jurídica y pueden ser de mayoristas, minoristas o consumidores.
    ⇕ **La central de compra** es una sociedad cuya finalidad es la agrupación de compras de sus socios o afiliados. Estos tienen personalidad jurídica independiente de sus afiliados y generalmente suele ser una sociedad anónima.
    Tienen los mismos objetivos que las agrupaciones de compra: poder de negociación, mejores precios y condiciones y suelen ofrecer servicios de asesoramiento y de compra.
    Las centrales de compra se constituyen como uno de los principales centros de poder de los distribuidores frente a los fabricantes.

Los productores que quieren vender sus artículos deben nego-
ciar, la mayoría de las veces, de forma ardua con dichas centrales.
Algunas centrales de compra fuertes en España son IFA, GEDESA,
UNIDE o LOGISTADIS.

➲ **Localización:**

◍ **En origen.** Son los que desempeñan su función en las zonas de producción y gran parte de sus ventas van destinadas a mayoristas en
destino, por ejemplo, cooperativas agrarias o lonjas de pescado.
◍ **En destino.** Desempeñan su función en las zonas de consumo, comprando principalmente a los mayoristas de origen vendiendo a detallistas. La mayoría de estos mayoristas están situados en los mercados de abastos, donde se concentra la venta al por mayor. Ahí se
reciben los productos agrícolas, ganaderos y del mar.
Estos mercados centrales están promovidos y controlados por una
empresa pública que es MERCASA (Empresa Nacional de Mercados
Centrales de Abastecimiento).

➲ **Forma de actividad:**

◍ **Servicios plenos.** Son los mayoristas que prestan la totalidad de funciones: actuar como fuerza de ventas, ayudar a adaptar el producto a
las exigencias del consumidor, distribución física, división y concentración del producto, creación de surtido...
◍ **Servicios parciales.** Estos mayoristas prestan algunas de las funciones. Dentro de este tipo destacan los llamados *cash and carry* (pagar
y llevar). Consiste en una venta al por mayor en la que el detallista
comprador selecciona y transporta él mismo los productos y los paga
al contado al retirarlos del establecimiento mayorista. En estos casos,
el minorista se ahorra el tener que almacenar, pero se incrementa el
coste en transporte, tiempo y necesita liquidez. Las empresas líderes
de esta modalidad son IFA y MAKRO.

Aquellos agentes que se dedican a la venta del producto al detalle o al por
menor, o que venden directamente el producto al consumidor final, son los
minoristas. Tienen un mayor poder de influir en las acciones de *marketing*
del fabricante o mayorista, llegando a afectar también a las ventas finales.

Las características de los detallistas y los servicios que ofertan pueden variar mucho dependiendo del mercado en el que se encuentren. La distribución minorista se adapta a su entorno económico, cultural, legal y a los
hábitos de consumo de la población.

Existen muchos tipos detallistas, con una importancia muy diferente según el país. Los detallistas pueden clasificarse atendiendo a varios factores, como su localización, como pueden ser:

Comercio independiente
Pequeños establecimientos, propiedad de un empresario individual o de una sociedad. Suelen estar dirigidos por el propietario que hace todas las tareas relativas a la venta del producto y tiene un buen conocimiento de la clientela. No tiene poder de negociación del precio de las compras porque no está asociado. Por ejemplo: el comercio de tu barrio que lleva toda la vida y en el que el dueño es el que te atiende (si no, un familiar).

Cadenas voluntarias
Son asociaciones de detallistas y mayoristas que forman una central de compras para conseguir precios menores. El asociado puede comprar a la central o fuera, pero se le exige un determinado volumen de compras y una cuota. Cuando se asocia, ninguno pierde el nombre del establecimiento. La compra del fabricante se hace por la central de compra, como por ejemplo Spar o IFA.

Cooperativas de detallistas
Agrupaciones de detallistas que se constituyen en cooperativa, con la finalidad de mejorar precios. Tienen capital e instalaciones propias y corren a su cargo el almacenaje y distribución física de la mercancía. Por ejemplo, Gruma y UDA (UNIDE) en alimentación, y Coperlim y Perdrofe, en droguería.

Franquicias
La franquicia es un contrato por el cual la empresa (franquiciadora) concede a otra empresa (franquiciada), mediante el pago de un determinado canon, el derecho a explotar una marca o procedimiento comercial, concediéndoles además asistencia técnica y los servicios necesarios para facilitar la explotación. Ejemplo de marcas que cuentan con franquicias son empresas como Burger King, Juguettos o 100 Montaditos.

Además de las figuras del mayorista y del minorista también podemos encontrar otras como son los **agentes comerciales,** que son profesionales autónomos que actúan en nombre de una o varias empresas para vender y difundir sus marcas y productos, principalmente. Suelen recibir un fijo más comisiones por cada operación realizada y es una relación continua en el tiempo.

También podemos encontrar los **comisionistas,** que son una figura independiente de la empresa cuya función es poner al vendedor y al comprador en contacto a cambio de una comisión. No es una relación continua en el tiempo, normalmente se establece el acuerdo para una operación determinada.

 **IMPORTANTE**

Dependiendo de la cantidad de agentes que intervengan en el proceso de facilitarle el producto al consumidor final en el mercado de consumo, podemos dividir los canales en **directo** (se vende de forma directa del fabricante al consumidor), **corto** (existe un intermediario) y **largo** (hay dos o más intermediarios).

En los contratos que se establecen entre los productores y los intermediarios se recogen los derechos y obligaciones que tiene cada uno de ellos. Es aconsejable que queden estipuladas todas las acciones y responsabilidades de cada una de las partes para evitar futuras disputas, sobre todo en aquellos aspectos relacionados con los precios de venta al público, garantías, área geográfica de influencia y tipo de ventas, además de las cláusulas sobre promoción y comercialización.

Aunque se pueda pensar que los mercados de consumo y los de servicios son iguales, debemos tener en cuenta que este último, debido a su naturaleza, presenta necesidades específicas, como que el servicio al cliente se aplique en el momento, como en un masaje, un corte de pelo, etc., o que dicho servicio se disfrute hasta que el cliente decida terminar de hacerlo (por ejemplo, una estancia en un hotel).

Siguiendo con el ejemplo de los hoteles, si analizamos los canales de distribución, vemos que el cliente puede reservar la habitación directamente en el hotel (canal directo), a través de una agencia de viajes que llama al hotel (canal corto) o mediante el uso de plataformas *online* o un mayorista (canal largo).

**Representación gráfica de los diferentes canales
de distribución del mercado de consumo**

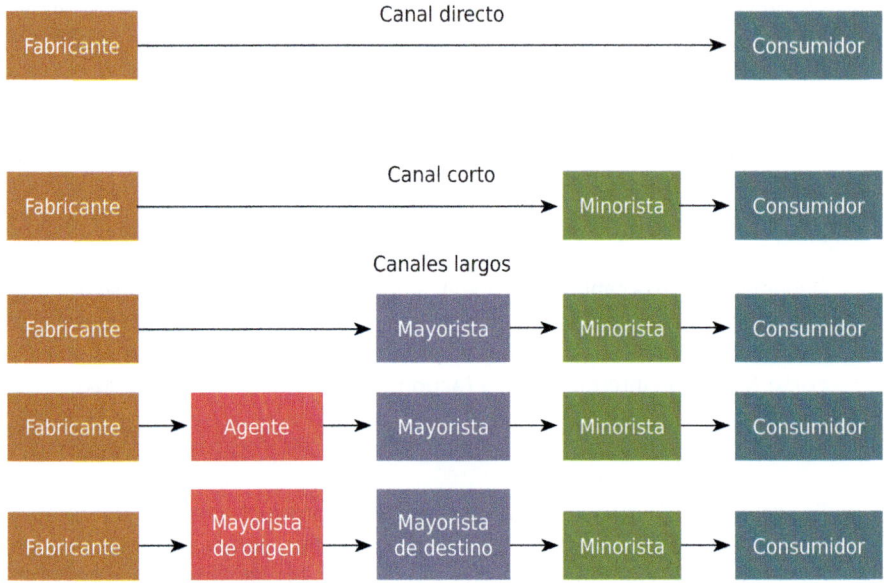

Si analizamos el comportamiento de los canales en los mercados industriales, podemos comprobar que en este modelo, además del canal directo,
aparecen otros canales dependiendo si intervienen los distribuidores o los
agentes. Los canales de distribución más habituales en el mercado industrial son el directo; por ejemplo, los fabricantes que compran grandes cantidades de materia prima lo hacen directamente a otros fabricantes, especialmente cuando necesitan especificaciones técnicas muy detalladas; el canal
en el que intervine un distribuidor industrial, intermediario que es utilizado
con frecuencia por los productores que venden artículos estandarizados o
de poco o mediano valor; el canal en el que además intervine un agente que
facilita la venta de los productos.

**Representación gráfica de los diferentes canales
de distribución del mercado industrial**

Fabricante	Canal directo →		**Consumidor industrial**
Fabricante	Canales largos →	**Distribuidor industrial**	**Consumidor industrial**
Fabricante →	**Agente** →		**Consumidor industrial**
Fabricante →	**Agente** →	**Distribuidor industrial** →	**Consumidor industrial**

La incorporación de los intermediarios en el canal de venta es un elemento beneficioso tanto para el fabricante como para el detallista. Podríamos resumir estas **ventajas:**

➲ **Para el fabricante:**

◑ Contribuye a adecuar la fabricación a la demanda reduciendo las probabilidades de ruptura de *stock* (cuando no se puede responder a los pedidos de sus clientes).
◑ Puede contribuir a las campañas de promoción del producto.
◑ Al estar más próximo al consumidor, puede proporcionar información sobre las tendencias del mercado.

➲ **Ventajas para el detallista:**

◑ Simplifica el trabajo administrativo, porque el número de mayoristas con los que tiene que trabajar será menor al número de productores a los que tendría que comprar si no existiera mayorista.
◑ El mayorista se adapta a la capacidad financiera y de almacenamiento del detallista, ya que el mayorista fracciona lotes que sirve en cantidad y tiempo requerido por el detallista.
◑ Puede obtener el precio más bajo de un mayorista que de un fabricante, al haber obtenido el mayorista un precio menor por la compra de grandes cantidades.

APLICACIÓN PRÁCTICA

Cuando hablamos de mayoristas que ejercen su función en las zonas de consumo, comprando principalmente a los mayoristas de origen y vendiendo a los detallistas, ¿a qué tipo de mayorista estamos haciendo referencia?

Solución

La definición de los mayoristas en destino es la que indica que desempeñan su función en las zonas de consumo, comprando principalmente a los mayoristas de origen vendiendo a detallistas.

7.3. Funciones de los canales

Habitualmente se ha criticado la existencia de intermediarios diciendo que no desempeñan función económica alguna y, en consecuencia, son agentes inflacionistas de los distintos productos afectados. Se les atribuye el encarecimiento de los productos y se argumenta, con frecuencia, que su eliminación reduciría los precios de venta. Y esto es cierto y se da porque algunos intermediarios no cumplen con la tarea que tendrían que desempeñar en la distribución.

Fuera de esta situación, **la razón de existencia de los intermediarios** queda justificada según el principio de recursos limitados de todo productor: el principio de la especialización, por el que si no debe esforzarse en distribuir, puede concentrarse en las tareas de producción; y el de la eficacia: los intermediarios son más eficaces en el proceso de distribución porque su existencia reduce el número de relaciones que tendrían que establecerse si no existieran.

En muchas ocasiones se critica la existencia o el trabajo de los intermediarios porque se desconoce la labor que llevan a cabo. Entre las **funciones** que desempeñan, podemos destacar:

⊃ **Investigación e información.** Puede ayudar a recabar la información necesaria de los clientes, ya que disponen de muchos datos sobre el producto, la competencia y el mercado.

- **Reducción de transacciones.** En vez de que cada productor gestione con cada consumidor, las transacciones se reducen considerablemente si el productor gestiona todo con un único intermediario.
- **Comercialización.** Actúan como fuerza de ventas y se dedican a encontrar a compradores potenciales y comunicarse con ellos. Además, pueden vender los productos en lugares de difícil acceso y no rentables al fabricante.
- **Adaptación.** Pueden ayudar a adaptar el producto a las exigencias del consumidor a través de las informaciones sobre los gustos y hábitos de los consumidores, la legislación, las características adecuadas de los productos, su etiquetado, etc.
- **Determinación de precios.** Pueden intervenir en la fijación de precios, aconsejando el más adecuado.
- **Distribución física.** A la hora de poner el producto a disposición del consumidor en los distintos puntos de venta, pueden ayudar en:

  - El acondicionamiento del producto: protección, embalaje y preparación para evitar el deterioro durante el transporte.
  - Mantenimiento de la demanda en cada momento, haciendo frente a pedidos imprevistos, por lo que mantienen un determinado *stock* de productos.

- **División y concentración del producto.** Dividir los productos en cantidades adecuadas a cada comprador, así como agrupar o acumular la oferta de productos cuando el número de productores es muy elevado y la cantidad ofrecida por cada uno de ellos es muy pequeña. Por ejemplo, los mayoristas de cereales.
- **Creación de surtido.** Los intermediarios compran a distintos fabricantes para acumular distintas marcas de un mismo producto, de esta manera el consumidor podrá elegir un amplio surtido de marcas de la misma clase de productos.
- **Financiación.** Participan en la financiación de los productos, ya que obtienen y usan sus fondos para cubrir los costes de sus actividades. Habitualmente financian las existencias hasta que son vendidas. Compran a fábrica el producto y con el detallista suele ofrecer condiciones de pago de 30, 60 y 90 días.
- ***Marketing.*** Por un lado, son la fuerza de venta de los fabricantes y también actúan como agentes de compra entre fabricantes y detallistas. Por otro lado, realizan actividades de promoción en los puntos de venta como *merchandising,* entre ellas destacamos la venta personal, la colocación de productos en los estantes, la ambientación de los establecimientos, pruebas, degustación y demostraciones...
  Asimismo, pueden ayudar a posicionar al producto en el lugar más adecuado y colaborar en la imagen de la empresa.

⊃ **Riesgos.** Como ya hemos dicho, el intermediario, al financiar a otro intermediario o al consumidor, está asumiendo el riesgo de impagos. Además, una vez tiene el producto, corre el riesgo de no poderlo vender o que tenga que venderlo a un precio inferior al previsto.

⊃ **Otros servicios:**

◖ Algunos intermediarios realizan el servicio de entrega del producto en el domicilio del cliente. Por ejemplo, los intermediarios que venden electrodomésticos, muebles...

◖ Servicio técnico, instalación, reparación y repuestos, suelen ser ofrecidos por detallistas que venden aparatos que requieren asistencia técnica como automóviles, ordenadores, electrodomésticos...

◖ Asesoramiento y formación a otros distribuidores para actualizarlos sobre las novedades que ofrece el producto, por ejemplo, marcas de ropa técnica de montaña o equipamiento, dar charlas explicando lo novedoso o beneficioso, o ir de tienda en tienda informando sobre ello.

7.4. Selección de canales de distribución y venta

Cuando hablábamos del *marketing mix,* decíamos que las 4 P eran lo único que la empresa podía controlar, pero también es cierto que las **decisiones que se toman sobre la distribución son a largo plazo** y pueden tener consecuencias irreversibles, sobre todo aquellas que tienen que ver con el diseño y la selección del canal de distribución, la localización y la dimensión de los puntos de venta, la logística de distribución y las relaciones internas del canal de distribución.

Las empresas deben decidir acerca de la estrategia de comercialización más adecuada dependiendo del producto o servicio, el cliente y los recursos disponibles, así como la estructura disponible en el mercado de destino, con el fin de seleccionar la mejor opción para lograr el éxito en la distribución del producto o servicio.

 **RECUERDA**

El canal de distribución tiene que ser coherente con la imagen del producto que quieren expresar las otras variables de *marketing* y con el posicionamiento deseado por la empresa. Además, un mismo modelo de canal no tiene por qué servir para todos los productos y tampoco a todos los clientes.

La selección adecuada de los canales de distribución para cada mercado es un aspecto clave para el éxito en la comercialización de un producto, y para ello es imprescindible conocer los diferentes aspectos que desarrollaremos a continuación.

Aunque los autores no se ponen de acuerdo acerca de las **etapas** necesarias para la elección del canal de distribución más adecuado, podemos hablar de las siguientes:

1. **Análisis de los consumidores.** En esta etapa se debe estudiar y analizar el tipo de consumidores a los que nos dirigimos, qué quieren esos clientes y por qué, dónde, cuándo, cuánto y cómo compran.
2. **Establecimiento de los objetivos del canal.** El objetivo principal es lograr que el producto llegue al consumidor estudiado en el momento adecuado y de la mejor forma posible. Pero también podemos pensar en un objetivo de ventas, si se desea mantener ese nivel de venta u obtener mayor cuota de mercado, por ejemplo, o un objetivo de satisfacción del cliente, que se ajuste a los deseos y necesidades del consumidor.
3. **Análisis de la cobertura de mercado.** Es importante definir el tipo de cobertura que se pretende alcanzar con el producto dentro del mercado. Esta puede ser:

   ◑ Distribución intensiva a través de la cual se venden los productos en todos los establecimientos posibles, por lo tanto, los productos que utilizan esta distribución suelen ser de uso frecuente. Por ejemplo, el tabaco.
   ◑ Distribución selectiva, que cuenta con un número reducido de distribuidores y puntos de venta que además deben cumplir varios requisitos. Permite una penetración más controlada de los mercados o segmentos de mercado. Por ejemplo, marcas de lujo.
   ◑ Distribución exclusiva, se caracteriza por la concesión de la exclusividad de la distribución del producto a unos pocos distribuidores, en determinadas zonas geográficas, pero con la condición de que tales distribuidores exclusivos no puedan vender productos de la competencia. Está bien definido el público objetivo, se desarrolla un mayor esfuerzo en ventas, pero los costes de distribución son menores. Por ejemplo, las ventas de Ferrari.
   ◑ Distribución extensiva es aquella en la que el fabricante busca para su producto cualquier establecimiento donde poderlo vender, sea o no del mismo ramo comercial. Por ejemplo, los chicles Trident, que encontramos en tiendas de caramelos, supermercados o gasolineras. El objetivo es estar presente en la mayoría de los puntos de ventas.

4. **Determinación de la localización y tipología de los puntos de venta:**

- ◑ La determinación de la localización y la tipología de los puntos de venta son aspectos importantes, ya que se relacionan con objetivos y las estrategias de la empresa.
- ◑ En primer lugar, será necesario determinar el área comercial del consumidor potencial (país, ciudad, zona o región) y posteriormente ir profundizando en la tipología de estos puntos de venta: imagen, estrategias, otros productos que venda, el tipo de consumidor, entre otros factores.
- ◑ Una vez analizado, se podrá tomar la determinación del número de puntos de venta, los lugares idóneos para ubicarlos, el tamaño, el diseño, la imagen que deben transmitir y la amplitud (el número de familias de productos) y la profundidad (el número de referencias o artículos específicos) que debe tener el punto de venta.
- ◑ Aquí también tendríamos que incluir el *merchandising*, que son aquellas estrategias de *marketing* que se aplican en el punto de venta.

 VÍDEO

Te recomendamos que visualices un vídeo sobre la situación en España de los intermediarios del canal de distribución y la subida de precios, que puedes ver accediendo desde aquí:

https://redirectoronline.com/comm060118

 TAREA 3

Sabine está analizando las estrategias de distribución utilizadas por algunas marcas para comprobar si las puede llevar a cabo con alguno de los productos que comercializa su empresa.

Continúa en página siguiente >>

<< Viene de página anterior

Las empresas que está analizando son Lamborghini España, Nespresso, yogures Danet y gafas de sol Ray Ban.

¿Puedes indicarle y justificar el tipo de estrategia de distribución que siguen?

7.5. Acciones de *marketing* en el punto de venta

Las acciones de *marketing* en el punto de venta se denominan también *merchandising* y pueden desarrollarse tanto por el fabricante como por el distribuidor.

Las acciones de *marketing* en el lugar de venta buscan favorecer la venta, poniendo el producto al alcance del comprador de una forma atractiva.

 SABÍAS QUE...

El 80 % de las compras de los consumidores se planifican y el otro 20 % suelen ser por impulso. Por este motivo, el *merchandising* es cada vez más importante en los supermercados y en otras tiendas.

Las acciones de *marketing* en el punto de venta deben establecerse sobre:

El producto	El fabricante puede cambiar, por ejemplo, la presentación del producto para hacerla más atractiva o lanzar nuevas versiones o modificar el *packaging,* entre otras acciones. El distribuidor por su parte eliminará del punto de venta, por ejemplo, los productos de baja rotación o bajo margen, por ejemplo.
El precio	Descuentos y condiciones de venta influyen directamente sobre el precio final del producto.
La comunicación	Descuentos y condiciones de venta influyen directamente sobre el precio final del producto.

Estas acciones, que habitualmente las agrupamos bajo la denominación de promociones, son acciones de corta duración que buscan aumentar las ventas a corto plazo, mediante la publicidad y diferentes acciones de comunicación en el lugar de venta, para conseguir influir en el consumidor. Entre las más destacadas podemos encontrar:

- **Degustaciones.** Consiste en ofrecer a probar el producto en el punto de venta con la idea de que sea conocido e incitar a la compra.
- **Ofertas, rebajas y saldos.** Estas acciones son muy útiles para atraer a clientes y reducir el *stock*.
- **Vales descuento.** Acción muy utilizada cuando se busca que el cliente conozca o pruebe el producto.
- **Acciones psicológicas.** Suelen ser ofertas fugaces (solo hoy y ahora, obtén el descuento) o precios tachados para aumentar la satisfacción de conseguir algo rebajado.
- **Tarjetas de fidelización.** A cambio de puntos, dinero o descuentos, el punto de venta consigue mucha información del consumidor. Cuánto compra en un periodo de tiempo, cada cuánto lo hace, tallas, gustos... Por ejemplo, la ficha de socio de Springfield.
- **Concursos y sorteos.** Se busca dinamizar las compras en un periodo de tiempo. Habitualmente se realiza en fechas señaladas, como en épocas navideñas: por la compra en determinadas tiendas puedes entrar en el sorteo de un bono de 100 €.
- **Exposición y ofertas.** Presentación masiva del producto con ofertas agrupadas o exposición del producto en varios lugares aumentando la posibilidad de venta o la presentación de los productos revueltos para que dé la sensación de que hay más descuento.
- **Estímulos.** Acciones que llamamos de estímulo que buscan transmitir sensaciones agradables para que el cliente compre rápido o, por el contrario, permanezca más tiempo en el establecimiento. Se consigue modificando el volumen y tipo de música, la iluminación, la temperatura e incluso los colores del establecimiento.
- **Señalética.** Se refiere a todos los elementos de señalización o publicitarios como carteles, pancartas, adhesivos en el suelo, tótems, *displays*... que sirven para informar sobre la oferta o para dar a conocer el producto con un gran impacto visual.

 **VÍDEO**

Te recomendamos que visualices el vídeo de Seducir al Consumidor "¿Por qué compramos lo que compramos?", en el que se repasan las acciones que realizan

Continúa en página siguiente >>

<< Viene de página anterior

tanto los fabricantes como los intermediarios para que el consumidor elija un producto u otro. Para ello accede desde aquí:

https://redirectoronline.com/comm060119

7.6. Estrategias *push* y *pull*

Dentro del *marketing* digital se habla mucho las estrategias *pull* (atracción) y *push* (empuje o presión). Estas estrategias se suelen aplicar también a la distribución, cuando los fabricantes quieren hacer llegar sus productos a los consumidores finales.

En la **estrategia *push*** la comunicación va dirigida principalmente a los intermediarios del canal de distribución, mayoristas y minoristas. Se intenta persuadir a los intermediarios a través de incentivos y condiciones de venta, para que incentiven a los consumidores para que compren el producto, lo distribuyan, lo ubiquen en una zona preferente y recomienden la marca o el producto. Se les suele ofrecer unos márgenes comerciales altos, productos gratuitos, regalos, dinero para publicidad, etc. Este tipo de estrategia suele utilizarse para los productos que se encuentran en el mercado, casi homogéneos con los de la competencia con los que no hay mucha diferencia.

**Representación gráfica de la estrategia
push en distribución**

La **estrategia *pull*** trata de influir sobre los compradores y que sean ellos quienes exijan los productos y así forzar a los intermediarios a tenerlos. Si los distribuidores no quieren perder clientes, deberán aprovisionarse y comprar la marca solicitada.

Representación gráfica de la estrategia *pull* en distribución

Como siempre que hablamos de estrategias, podemos combinar ambas. La estrategia *pull* es más apropiada cuando la lealtad a la marca es elevada, los consumidores tienen mucho interés en el producto o marca, se perciben diferencias entre las marcas, y la decisión de compra se toma antes de ir a la tienda. Una marca de bebidas como Coca Cola o Pepsi son dos ejemplos de utilización de estos tipos de estrategias. Sus campañas publicitarias son efectivas porque consiguen crear un gran valor de marca en el mercado final y los distribuidores suelen estar interesados en tener esta marca en sus establecimientos, ya que son los propios consumidores los que la piden. A su vez, incentivan a los intermediarios con acuerdos económicos ventajosos, distribución de mobiliario para los bares (toldos, mesas, sillas...), entre otras acciones.

Representación gráfica de dos estrategias push y pull

En la distribución intensiva se incorpora una combinación de las estrategias *pull* y *push,* ya que es el fabricante el que incide directamente sobre el consumidor final a través de la publicidad (estrategia *push),* mientras que en la distribución exclusiva es el consumidor el que pide el producto (estrategia *pull).*

8. Establecimiento de los principios básicos de la comunicación a través del *marketing*

☞ HILO CONDUCTOR

Hasta ahora, una empresa de publicidad local era la que se ocupaba de la comunicación exterior de Sol Naranja. Pero están estudiando si crear un departamento de *marketing* que se encargue desde dentro de toda la estrategia de comunicación.

El último elemento del *marketing mix,* como hemos visto en puntos anteriores, es la comunicación. Muchos estudiosos del *marketing* la describen como el conjunto de actividades, instrumentos, herramientas y estrategias utilizadas con la intención de incrementar las ventas en los diferentes mercados.

Algunas cuestiones básicas que toda empresa debe tener definidas para desarrollar y planificar la política de comunicación correctamente son los objetivos perseguidos, el público objetivo y la estrategia. Puntos que trabajaremos en la unidad de aprendizaje centrada en el plan de *marketing.*

Las empresas comunican en tres áreas fundamentalmente: la empresa, sus productos y los empleados, y si la comunicación fallase en algunas de estas, puede darse una crisis de imagen y reputación.

IMPORTANTE

Si no establecemos lo que queremos conseguir y a quién nos dirigimos, no podremos conocer la mejor manera de llegar a ellos.

Cuando se lleva a cabo un **plan de comunicación,** se suelen establecer tres **objetivos básicos:**

Informar	Dar a conocer a los compradores potenciales la existencia del producto, los beneficios que este brinda, cómo funciona, dónde adquirirlo, etc.
Persuadir	Inducir a la compra del producto a los compradores potenciales o a que realicen una determinada acción. Normalmente se da cuando los compradores son conocedores del producto y las necesidades que satisface. Esta estrategia se lleva a cabo en el momento que la competencia ofrece productos con características similares.
Recordar	Este objetivo trata de mantener el producto y el nombre de la marca en la mente del público. Es necesario que los usuarios conozcan el producto, las ventajas que les ofrece y que tengan actitudes positivas hacia este. Marcas como Coca Cola lo hacen continuamente.

Aunque los objetivos citados anteriormente son los que se deben encontrar dentro de todo plan de comunicación, también podemos plantearnos otros objetivos más específicos como:

- **Contrarrestar.** Cuando la competencia esté desarrollando acciones que puedan perjudicar a la empresa y sus ventas, es necesario contrarrestar sus efectos desarrollando acciones comerciales.
- **Introducir.** En los productos que comienzan en la fase inicial del ciclo de vida o se introducen en la fase de crecimiento de un producto homogéneo, la comunicación es una herramienta que, con una buena estrategia, puede llegar a provocar una actitud favorable hacia ese producto o servicio y ser elegido, aunque sea nuevo.
- **Fidelizar.** Se persigue que el cliente vuelva a elegir nuestra marca cuando necesite nuestro producto y lo haga de forma continuada, consiguiendo una relación estable y duradera entre ambas partes. La labor comercial de una empresa para conseguir nuevos clientes debe ser fuerte y hay que dedicarle tiempo y esfuerzo para mantenerlos porque, además, son los mejores prescriptores, una publicidad boca a boca orgánica.
- **Concienciar.** Generar conciencia y posibilidad de que el producto/servicio o marca sea reconocido y recordado por el consumidor potencial. Además, favorecerá el aumento en el deseo de informarse acerca de algunas características del producto o marca y así conseguir la prueba o primera compra.

La comunicación de la empresa no depende de una única herramienta, sino que se conforma por un conjunto de tácticas publicitarias y de promoción que deben transmitir el mensaje planificado por el departamento de *marketing*. Para crear los mensajes que lleguen a los consumidores, las empresas suelen contratar firmas publicitarias para que creen, diseñen y promocionen mensajes claros, convincentes y seductores de los productos y servicios que la empresa tiene en el mercado. Esos mensajes, además, se encargan de fortalecer el valor de la oferta percibido por parte del cliente.

8.1. Canales de comunicación y promoción

Vender un producto, un servicio o una marca no implica solo producir un producto de calidad, fijarle un precio y ponerlo al alcance del consumidor potencial; también se han de comunicar las características del producto y, sobre todo, brindar propuestas de valor y mostrar los beneficios que estos clientes potenciales pueden obtener. Por supuesto, al igual que las otras P, la comunicación no debe dejarse al azar y ha de planificarse.

Dentro de los canales de comunicación encontramos, además de la promoción de ventas, de la que hemos hablado anteriormente, otros como los expuestos a continuación.

Publicidad

Entendida como mensajes persuasivos comprados en medios de comunicación cuyos objetivos pueden ser de información al consumidor sobre el producto, provocar una actividad favorable hacia él, promover su venta o incluso promover la modificación de conducta del consumidor. Otros objetivos que se buscan con la publicidad pueden ser la de contrarrestar acciones de la competencia o incluso fidelizar al consumidor, entre otras metas.

⊃ **Prensa diaria.** Podemos encontrar diferentes tipos de publicidad, como son:

   ◑ Anuncios clasificados: anuncios pequeños o clasificados por palabras.
   ◑ Reclamos: a color o en blanco y negro. Su precio varía dependiendo de la ubicación y del tamaño del anuncio. Podemos encontrar anuncios de página par, impar, los de doble página, faldones...

⊃ **Revistas especializadas.** La publicidad en las revistas especializadas es muy similar a la de la prensa diaria, aunque en este modelo se pueden incorporar regalos promocionales o publirreportajes.

⊃ **Radio y televisión.** A los espacios publicitarios en estos medios se les denominan "cuñas". Para seleccionar el medio es importante conocer la audiencia que tiene el mismo, además de saber cuáles son las emisoras o cadenas que escucha o ve nuestro público objetivo, así como las franjas de máxima audiencia o *prime time.*

También existe en estos medios la posibilidad de hacer patrocinio, que en un momento determinado se mencione tal producto. Se suele incluir antes la frase: "Espacio patrocinado por..." o similar. Existen otras fórmulas como concursos o ráfaga (frase corta para generar intriga), entre otras.

⊃ **Publicidad exterior.** Son anuncios en soportes exteriores como vallas, marquesinas, autobuses, en el metro, mobiliario urbano, rótulos luminosos... Este sector desarrolla nuevos soportes como respuesta a determinadas restricciones, como la prohibición de colocar vallas o carteles en carretera.

Seleccionar el emplazamiento adecuado es un factor primordial y debe cumplir los siguientes requisitos:

◑ Alcance y recepción. Llegar a un gran número de personas que pueda observar la imagen más de una vez con solo salir a la calle.

◑ Un mensaje en pocos segundos, captados sin problema por el consumidor en un instante.

Internet

Lo mismo que hemos visto en la prensa diaria podemos tenerlo en su versión *online*. Los medios de comunicación cuentan con webs en las que también se puede hacer publicidad.

Asimismo, podemos tener en cuenta la publicidad en los buscadores o en las diferentes redes sociales en las que tenga presencia la empresa. Esto nos permite publicitar nuestra empresa, producto o servicio a través de *banners* o publicaciones promocionadas.

Hay diferentes maneras de publicitar nuestros productos o servicios en la red, y cada vez van surgiendo herramientas que permiten segmentar y mostrar los anuncios a los usuarios más específicos, por lo que el impacto publicitario es más acorde con sus gustos y *hobbies*.

Ventas personales

La fuerza de ventas es una de las herramientas más importantes de la política de comunicación, ya que el vendedor es el que interacciona con el cliente y puede conocerlo mejor y detectar sus necesidades de primera mano. Los equipos de venta en cuanto a la promoción son fundamentales a la hora de comunicar y promocionar a la empresa y sus productos.

Se trata de una forma de comunicación oral e interactiva, a través de la cual el personal de ventas de la empresa comunica directamente con un potencial comprador para venderle un producto que satisfaga sus necesidades y, en su caso, construir una relación con él.

El vendedor debe detectar la necesidad y deseo del cliente, de forma que pueda explicarle las ventajas y limitaciones del producto, adecuándose a lo detectado.

A diferencia de otros instrumentos de comunicación, como la publicidad, la fuerza de ventas o también llamada venta personal, es dinámica y flexible, ya que el vendedor puede adaptarse a las características personales de cada cliente, puede cerrar la venta en el momento y permite construir relaciones a largo plazo y fidelizar el cliente.

Relaciones públicas

Mediante el trato personalizado se busca dotar de prestigio a la imagen de una empresa o marca. Al forjar buenas relaciones con los diversos públicos de la empresa, en este caso no nos centramos en el posible cliente, sino en el público que le rodea, como son los medios de comunicación o los proveedores (este es el llamado público externo), y también en el público interno de la empresa, como sus propios trabajadores. Acciones de relaciones públicas son las becas que proporcionan las empresas, como las de la Fundación Amancio Ortega o las Becas Santander; actos sociales, fiestas y recepciones que realiza la empresa; visitas guiadas a la fábrica; patrocinios de actos deportivos y empresariales, seminarios...

Algunos expertos incluyen en las relaciones públicas las ferias. Se trata del instrumento de promoción comercial por antonomasia. Son muy eficaces y permiten establecer muchos contactos en poco tiempo, así como conocer y estudiar la competencia y las tendencias.

Con los medios de comunicación se pretende trabajar de la mano y obtener *publicity* (publicidad no pagada) favorable, que contribuya a construir una buena imagen corporativa y manejar o desviar rumores, historias y eventos desfavorables en caso de que existan.

Marketing directo

Conexiones directas con los consumidores individuales cuidadosamente seleccionados tanto para obtener una respuesta inmediata como para cultivar relaciones duraderas con los clientes. Las acciones de *marketing* directo van desde los envíos de *e-mails* hasta las llamadas telefónicas. Su objetivo principal es contactar de forma diferenciada y personalizada con el público potencial.

Lo más importante de este canal es contar con una base de datos con la información de estos públicos a los que dirigirse y, sobre todo, que esté actualizada.

Para localizar los datos la empresa dispone de diferentes opciones:

- ⮑ Comprar una base de datos a empresas especializadas por sectores y/o mercados.
- ⮑ Realizar la búsqueda o tener un fichero creado por la propia empresa.
- ⮑ Solicitar el servicio a un organismo de promoción que disponga de los contactos.

Una mala gestión del *marketing* directo puede provocar el efecto contrario y no deseado en el público al que se contacta.

 ACTIVIDAD COMPLEMENTARIA

3. Investiga acerca de las tarifas publicitarias de un medio de comunicación. Para ello accede a la web desde aquí:

https://redirectoronline.com/comm060120

A continuación, analiza el coste de los anuncios por palabras comparándolos entre un festivo o fin de semana y un día laborable. ¿A qué crees que se debe el cambio de precios?

8.2. Comunicación efectiva

La comunicación es un elemento fundamental, sobre todo cuando se trata de vender un producto o servicio. Es por eso por lo que una gran parte de las empresas se centran en mejorar la manera en la que comunican los lanzamientos de productos, sus progresos, cambios, etc., puesto que son conocedoras de que actualmente es la manera más efectiva de llegar a su público objetivo.

La comunicación efectiva es aquella que tiene la capacidad de compartir ideas, conocimientos e información de manera que se garantice que el receptor de la misma la entiende cuando recibe los mensajes que le envía el emisor. Esta comunicación desarrolla un papel fundamental en el mundo de las ventas, sobre todo para fomentar la confianza de los clientes, además de ayudar en la resolución de dudas y en la comunicación directa con estos.

 IMPORTANTE

No debemos confundir la comunicación efectiva, que se centra en el mensaje, con la comunicación asertiva, que se centra en la manera en la que se transmite, como puede ser la articulación o la postura corporal.

La comunicación efectiva debe ser de fácil comprensión con información clara, concisa y concreta y, por supuesto, tiene que ser llamativa para el receptor para poder fomentar la interacción y despertar el interés de nuestro público.

La comunicación efectiva se reconoce porque presenta las siguientes **características:**

- **Claridad.** Hay que pensar el mensaje que vamos a transmitir para evitar mensajes que no tengan consistencia. Puedes tener en cuenta los siguientes consejos:

  - Reduce la velocidad si sueles hablar rápido.
  - Asegúrate de que los interlocutores te entienden (cuida las referencias a situaciones contextos, libros o series).
  - Practica la pronunciación la proyección de la voz.

- **Comunicación no verbal.** Nuestro lenguaje corporal es un elemento que también comunica; el contacto visual, el movimiento de tus manos y tu cuerpo.

  Presta atención a la postura y a las señales no verbales del resto de miembros mientras hablas, ya que te pueden dar una gran cantidad de información sobre todo acerca de si estás llegando con tu mensaje.

  Se calcula que en el proceso de comunicación el 93 % es no verbal y el 7 %, verbal.

- **Concisión.** Ofrece la información que sea relevante sin poner en riesgo la claridad del mensaje.

  Un mensaje conciso ahorra tiempo, atrae la atención de los clientes y reduce la sensación de pérdida de tiempo.

- **Empatía.** Usa frases sencillas para tratar de sintonizar con el público y trata de ponerte en su piel para conocer lo que piensa y siente para anticiparte a sus reacciones.

- **Escucha activa.** Saber escuchar es la mejor característica de un comunicador efectivo. Esta característica implica que prestas mucha atención a lo que el cliente pregunta y comunica.

- *Feedback.* La comunicación es bidireccional, por lo que para ser efectiva debe ir del emisor al receptor y viceversa. Si no se produce ese *feedback,* difícilmente sabremos lo que piensa el cliente y será imposible solventar aquellas dudas que le surjan acerca del producto o servicio.

- **Propiedad.** Selecciona las palabras más adecuadas, sobre todo dependiendo del ambiente (formal o informal) en el que se lleve a cabo la comunicación y enfocando la comunicación en el propósito perseguido.

- **Respeto.** El trato es el elemento más valorado por los clientes y que puede provocar la pérdida o ganancia de un cliente. Tratarlos con respeto es un aspecto fundamental, puesto que influye en la imagen de la empresa que se proyecta.

Tipos de comunicación efectiva

La comunicación efectiva es un modelo de comunicación que puede darse en los diversos ámbitos de nuestro día a día, por eso es importante que las empresas seleccionen el más adecuado, dependiendo del ámbito y del público objetivo al que se dirijan, pudiendo encontrarse los siguientes **tipos:**

Formal	Este modelo se utiliza para transmitir órdenes e instrucciones profesionalmente de acuerdo con los niveles jerárquicos de la organización.
Informal	Se utiliza entre personas que no necesitan seguir un protocolo establecido.
Ascendente	La comunicación efectiva puede llevarse a cabo desde los empleados hacia los directivos de una empresa, es decir, desde los puestos inferiores hacia los superiores.
Descendente	Este caso es el contrario al caso anterior. Aquí los mensajes se transmiten desde la parte superior de la cadena de mando hacia las personas que están en los niveles inferiores.
Horizontal	Esta comunicación se desarrolla entre las personas que ocupan un mismo nivel jerárquico.

Algunos **ejemplos de comunicación efectiva** utilizados por las empresas son:

Correos electrónicos
- Los correos electrónicos son un elemento muy utilizado en las empresas para comunicarse con sus clientes. Es fundamental que estos estén cuidados, sin faltas ortográficas, diseños que no se vean correctamente o información que no corresponda o que no sea correcta.
- Los correos electrónicos cuidados logran una mayor repercusión y cantidad de conversiones.

Mensajes de texto publicitarios
- Los mensajes de texto publicitarios permiten enviar información relevante a los usuarios que hayan mostrado interés por algunos de los productos o servicios específicos de la empresa.
- Suelen acompañarse de elementos visuales en los que se destacan sobre todo los descuentos, promociones o información exclusiva, lo que fideliza al consumidor.

Encuestas de atención al cliente
- Las encuestas sirven para que las empresas recopilen información directamente de los clientes para conocer lo que opinan de sus productos o servicios y así poder modificarlos asegurándose de que estos cumplen las necesidades de los clientes.

9. Resumen

El término *marketing* se comenzó a utilizar con el auge y desarrollo de la economía industrial, momento en el que se produce un desplazamiento de personas del campo a la ciudad y aparecen industrias, automóviles, radios, etc.

Inicialmente el *marketing* era entendido como una técnica para mejorar el intercambio, pasando de un modelo pasivo inicialmente hacia otro saturado como lo conocemos en la actualidad.

Entre los términos que debemos conocer antes de adentrarnos en el mundo del *marketing,* encontramos:

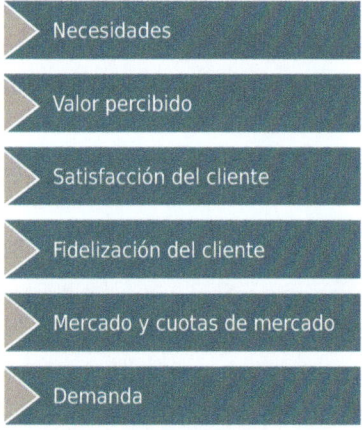

La evolución del *marketing* ha dado lugar al llamado *marketing mix,* en el que se incluyen los diferentes elementos que intervienen en la venta de un producto o servicio. La empresa ofrece un producto o un servicio a un precio determinado, a un público objetivo a través de los canales de distribución.

El *marketing mix* es aquel que relaciona los siguientes elementos:

Para llegar a los clientes, las empresas utilizan distintas herramientas digitales para contactar con ellos. Entre estas herramientas destacan:

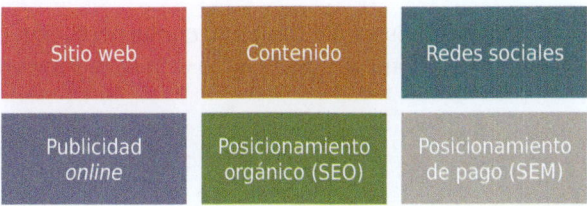

Los cambios en el comportamiento de los consumidores han provocado la aparición de un nuevo modelo de *marketing* denominado "experiencial", que permite al usuario vivir una experiencia única que recordará y recomendará a su entorno.

El proceso metodológico que siguen las empresas para crear productos exitosos es:

Todo producto está conformado por una serie de atributos, que podemos clasificarlos en:

El ciclo de vida de un producto se asocia con la evolución de las ventas del mismo a lo largo del tiempo. Este ciclo de vida se ordena en cuatro etapas:

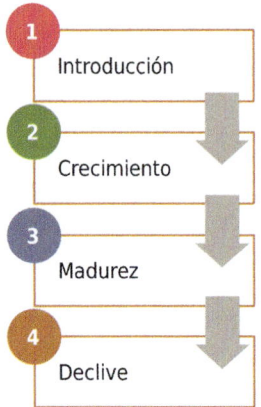

El precio es el único elemento del *marketing mix* que tiene unos efectos rápidos sobre las ventas y el que mayor flexibilidad presenta. En el momento de calcular el precio, debemos cuidar el punto muerto que se puede producir cuando se alcanza un rendimiento económico determinado o se vende una cantidad exacta de unidades del producto.

Aunque la distribución es un elemento que debe cuidar la empresa, no puede asegurarse que se controle en su totalidad, puesto que intervienen otras figuras en el proceso de hacer llegar el producto hasta el cliente final.

Todo plan de comunicación empresarial debe asentarse sobre los tres pilares básicos de la comunicación empresarial:

Ejercicios de autoevaluación
Unidad de Aprendizaje 1

1. Indica si las siguientes oraciones son verdaderas o falsas:

a. El término *inbound marketing* comenzó a utilizarse en Europa a finales del siglo XIX.

- ■ Falso
- ■ Verdadero

b. Con mercado virgen nos referimos a aquel en el que no existe competencia o es escasa.

- ■ Falso
- ■ Verdadero

c. Las empresas solo deben usar el *marketing* para vender.

- ■ Falso
- ■ Verdadero

d. Las empresas deben generar productos escuchando al consumidor.

- ■ Falso
- ■ Verdadero

2. El gran reto de las empresas en la actualidad se basa en...

a. ... prever los escenarios futuros a los que enfrentarse.
b. ... utilizar correctamente la publicidad tradicional.
c. ... aprovechar sus oportunidades.
d. Las opciones a y c son correctas.

3. Un término que no está asociado al *marketing* es...

a. ... necesidades.
b. ... cuota de mercado.
c. ... demanda.
d. ... compra de materia prima.

4. El propósito por el que la empresa existe se denomina...

    a. ... misión.
    b. ... valor.
    c. ... plan de comunicación.
    d. ... plan de *marketing.*

5. Dentro del microentorno, encontramos:

    a. El producto de nuestra empresa y sus precios.
    b. La comunicación que proyectamos.
    c. La competencia y los clientes.
    d. Las opciones a y b son correctas.

6. Entre los diez principios del *marketing* que definió Kotler no encontramos:

    a. El cliente decide.
    b. El cliente quiere soluciones.
    c. Al cliente hay que ganárselo.
    d. El cliente siempre tiene razón.

7. El tipo de *marketing* que está en auge es...

    a. ... el *marketing* dotacional.
    b. ... el *marketing* publicitario.
    c. ... el *marketing* local.
    d. ... el *marketing* experiencial.

8. Todo producto está conformado por...

    a. ... atributos internos.
    b. ... atributos externos.
    c. ... atributos intangibles.
    d. Todas las opciones son correctas.

9. Cuando hablamos de precio, debemos tener en cuenta que...

    a. ... permite controlar los ritmos de fabricación.
    b. ... no se necesita definir un precio estratégico.

    c. ... puede ser un indicador de calidad.

    d. ... hay que ajustarlo a las necesidades del cliente.

10. Atendiendo a la relación de propiedad de los mayoristas, podemos clasificarlos en...

    a. ... plenos o parciales.

    b. ... independientes o dependientes.

    c. ... originarios o destinatarios.

    d. Los mayoristas no se pueden clasificar.

Segmentación, posicionamiento y *branding*

Contenido

1. Introducción
2. Aplicación de estrategias de segmentación y definición de público objetivo
3. Identificación de los principios básicos de posicionamiento y *branding*
4. Resumen

Objetivos

El objetivo general de esta Unidad de Aprendizaje es:

→ Determinar el segmento de mercado al que se dirige el producto o servicio de una empresa, aplicando estrategias de *branding* que construyan y posicionen una marca.

Los objetivos específicos de esta Unidad de Aprendizaje son:

→ Identificar los criterios de segmentación del público de una empresa.

→ Conocer las estrategias de segmentación.

→ Definir el público objetivo de una empresa.

→ Diferenciar los conceptos marca e identidad corporativa.

→ Analizar los elementos que deben desarrollarse para definir una marca.

→ Definir los diferentes elementos que integran el *branding* y la identidad de marca.

→ Conocer el posicionamiento de marca y de producto.

1. Introducción

La empresa está en contacto con el microentorno que no debe perder de vista. En este microentorno se halla su cliente actual y el potencial que quiere alcanzar, y debe interactuar con ellos para lograr vender sus productos.

La empresa puede definir sus estrategias conociendo quién es y cómo es su consumidor, qué le gusta y qué busca de los productos de la misma categoría que vende. Conociendo bien estos datos, podrá trabajar su posicionamiento para hacer que este público le vea como desea ser visto, destaque de la competencia y termine siendo el primero que elija en el momento de la compra.

Sol Naranja, ante su descenso de ventas, se detiene a analizar su público y la evolución de este. Tiene la sensación de que su producto y el consumidor, en algún momento, se han separado y ven imprescindible analizarlo.

2. Aplicación de estrategias de segmentación y definición de público objetivo

 HILO CONDUCTOR

Sol Naranja ha contratado una empresa para que realice la investigación de mercado y analice a su público actual, al que quiere alcanzar, pero también que analice por qué ha ido perdiendo ventas. ¿Cómo es? ¿Cómo compra? ¿A quién compra ahora su público perdido? ¿Por qué ya no lo ven como líder del mercado? ¿Qué le falta a Sol Naranja para satisfacer a ese público?

Ya nos hemos ido adentrando en la unidad de aprendizaje anterior sobre qué es la segmentación y el público objetivo o *target*. Hablábamos de cómo el consumidor va cambiando a lo largo de los años, no solo en gustos, sino también en la forma de comprar y de consumir los productos o servicios, y que las empresas que perciben este cambio se van adaptando e incluso son capaces de prever nuevos escenarios para lograr mantenerse en unos mercados cada vez más saturados.

 **VÍDEO**

Puedes ver el cambio del *marketing* de los mercados vírgenes al de los mercados saturados a través de un vídeo, accediendo desde aquí:

https://redirectoronline.com/comm060201

Este cambio vertiginoso e impulsado por la irrupción del mundo digital en nuestras vidas ha hecho que se ponga en la palestra un nuevo tipo de consumidor, el llamado *prosumer (consumer + producer),* un consumidor más profesional. El término no es nuevo, fue creado por Alvin Toffler en su obra *La tercera ola,* pero refleja a la perfección cómo es uno de los públicos al que se dirigen las empresas.

Un **prosumer** se diferencia de un usuario digital común en estas tres **características:**

- ⮕ **Productor de contenido.** El nuevo consumidor es además productor de contenido, un hecho muy importante para las empresas. Antes, quienes producían contenido eran las empresas en forma de publicidad (unidireccional) o los periodistas, por ejemplo. Ahora cualquiera puede publicar contenido en las redes, blogs, etc. El consumidor tiene un altavoz para expresar sus opiniones o sus experiencias con los productos o servicios. Los *prosumers* son el estudiado público innovador, quienes serán los primeros en comprar algo y hablar de ello.
- ⮕ **Intercambio libre de información.** Con la llegada de internet, los *prosumers* comenzaron a ofrecer información gratis que hasta la fecha no sucedía: manuales, *e-books*... Y en ese momento peligraron las distribuidoras de cine o música que defienden sus *copyright* frente a plataformas que se lo distribuyen gratuitamente. De hecho, las redes sociales existen porque es el usuario quien comparte información; si nadie lo hace, podemos decir que la red social no tiene éxito. Es el *prosumer* el que da sentido a las redes sociales.

⊃ **Afán de difusión y consejo.** Es el deseo de difundir sus ideas, ofrecer consejos sobre productos, o información que se considera importante pero no con la idea de enriquecimiento. Aunque, hoy en día, son muchos los *prosumers* que cada vez más buscan el enriquecimiento: son los llamados *influencers,* prescriptores digitales.
Un ejemplo de esta evolución del *prosumer* está en la bloguera María Lunaritos, que empezó en 2009 publicando en su blog recetas de cocina cuando le apetecía y hoy en día no solo tiene un blog, sino tienda *online* de productos de cocina y proveedores le contactan para hacer publicidad.

En definitiva, un *prosumer* es cualquier persona con la capacidad de publicar sus opiniones acerca de cualquier marca, producto o servicio. Es decir, cualquier persona. Las consecuencias para las marcas pueden ser muy favorecedoras o todo lo contrario. Por ello, las empresas deben lidiar con un nuevo consumidor.

 **EJEMPLO**

De cómo un vendedor de pescado en un mercado pudo llegar a ser el número uno con su canción *One pound fish.* Fue grabado en la calle cantando esta canción para atraer a compradores, se hizo viral y las personas empezaron a ir a sacarse fotos y para verle vender cantando. Una discográfica le lanzó más al éxito tras grabar un videoclip con él. Accede desde aquí si deseas saber más:

Vídeo de los comienzos

https://redirectoronline.com/comm060202

Continúa en página siguiente >>

<< Viene de página anterior

Vídeo de la discográfica

https://redirectoronline.com/comm060203

2.1. Segmentación de mercados potenciales

El consumidor se divorcia de todo lo que ha sido habitual en su vida. Por ejemplo, la diferencia entre su panadería de siempre y otra que tiene *Instagram* y que, cada día, informa de que acaba de dejar enfriar unas trufas o que para mañana tendrán tal pastel preparado a partir de tal hora, lo que conecta con el cliente y genera fidelización. De este modo, el consumidor tiende a cambiar su hábito de compra.

La empresa deberá estudiar sus tipos de clientes, cuya clasificación ayudará al departamento de *marketing* a planificar e implementar acciones para lograr sus objetivos.

En este punto los más importantes son: **identificar cómo retener a los clientes que ya tiene, e identificar a los posibles clientes para transformarlos en clientes actuales.**

Así, la clasificación básica que toda empresa debe realizar es la que se expone a continuación.

Actuales

Son aquellas personas, empresas u organizaciones que compran o compraron en un periodo de tiempo que la empresa debe marcar. Este tipo de cliente es su fuente de ingresos.

⊃ **Vigencia.** Tomando un periodo determinado por la empresa, nos encontramos **con clientes activos e inactivos.** Los activos son los que compran con asiduidad o en un periodo corto de tiempo. En cambio, los inactivos son aquellos que compraron pero no volvieron a hacerlo en ese periodo marcado. Ese periodo de tiempo lo debe establecer la propia empresa, porque no es lo mismo el tiempo que pasa entre una compra de pan a otra que el tiempo que pasa de la compra de una lavadora a otra.

Conocer esta división dentro de los clientes facilita la definición de estrategias, a unos con la idea de retenerlos y en el otro caso para identificar las causas de su alejamiento y así intentar recuperarlos.

➲ **Frecuencia de compras.** Dentro de los clientes actuales, y en especial en los activos, se puede hacer esta división:

- ◖ **Clientes de compra frecuente:** son aquellos que realizan compras en un intervalo de tiempo entre una compra y otra más corta que el de la mayoría de los clientes. Este es el considerado fiel a la empresa o marca y es fundamental no descuidar las relaciones con él y hacerle sentir que pertenece a la empresa y que es importante para ella.
- ◖ **Clientes de compra habitual:** son aquellos que realizan compras con cierta regularidad porque están satisfechos. Como en el caso anterior, se recomienda darles una atención especial.
- ◖ **Clientes de compra ocasional:** son aquellos que realizan compras de vez en cuando. En estos casos es aconsejable investigar el porqué de su alejamiento y cómo cambiar esa situación.

➲ **Volumen de compras.** Una vez identificados los clientes por su vigencia y frecuencia de compra, es aconsejable realizar una clasificación según el volumen de estas. Así, la empresa tiene a clientes con:

- ◖ **Alto volumen de compras:** son aquellos que realizan cantidad de compras mayores que la media. No descuidar las relaciones con ellos.
- ◖ **Promedio volumen de compras:** son aquellos que realizan compras en un volumen que está dentro del promedio general. También suelen estar satisfechos y, por supuesto, la empresa debe mimarlos.
- ◖ **Bajo volumen de compras:** el volumen de compras es por debajo de la media. Estos suelen coincidir con los de compra ocasional.

➲ **Nivel de satisfacción.** A estas clasificaciones estudiadas podemos sumarles una más atendiendo a su nivel de satisfacción, datos que se obtienen al realizar una investigación de mercado. Así, podemos identificar a clientes:

- ◖ **Complacidos:** lo que esperaban de la empresa, producto o servicio se supera con lo obtenido. Según Philip Kotler, esto genera una afinidad emocional con la marca y esto logra que el consumidor sea fiel.

No hay duda de que la estrategia hacia estos clientes es la de mantener ese nivel de satisfacción.

◑ **Satisfechos:** lo que esperaban de la empresa, producto o servicio coincide con lo obtenido. No desean cambiar a la competencia, pero pueden hacerlo si ven algo similar o mejor. La estrategia aquí sería elevar su nivel de satisfacción.

◑ **Insatisfechos:** lo que esperaban de la empresa, producto o servicio es más bajo que lo obtenido y son los que con toda probabilidad no repetirán. Antes de actuar sobre estos consumidores se debería hacer una investigación de por qué están insatisfechos y así realizar las correcciones que sean necesarias.

⊃ **Grado de influencia.** Se da en el momento de clasificar a los clientes activos, independientemente de su volumen y frecuencia de compras. Este tipo de clientes podemos dividirlos en:

◑ **Altamente influyentes:** tienen sobre ellos las miradas de muchas personas y pueden influir tanto positiva como negativamente sobre la imagen de una marca, producto o servicio. Los más habituales son deportistas de élite, actores y actrices, personas en las redes sociales con muchos seguidores, entre otros. Lograr que estas personas sean clientes de la marca es muy conveniente, ya que atraerá a muchas personas que comprarán. Esta relación se puede dar de forma sincera por parte del famoso o que haya un contrato de publicidad de por medio.

◑ **Regular influencia:** son aquellos que ejercen una determinada influencia en grupos más reducidos. Desde siempre se han considerado a los taxistas, peluqueros, profesores y médicos líderes de opinión en su entorno. Las charlas Tedx tuvieron la idea de promocionarse entre uno de estos sectores influyentes, los peluqueros, y los resultados fueron muy satisfactorios.

◑ **Influencia a nivel familiar:** el radio de influencia es más pequeño, en su entorno de familiares y amigos. Empresas como Trnd, se dedican a captar este tipo de público para que sean embajadores de marcas.

Potenciales

Son aquellos, personas, empresas u organizaciones, que no compran a la empresa pero que por sus características e intereses son posibles clientes en el futuro.

⊃ **Frecuencia de compras.** Tras una investigación de mercado que permite conocer la posible frecuencia de compras, se divide de manera similar que a los clientes actuales, clientes potenciales de:

- Compra frecuente
- Compra habitual
- Compra ocasional

➲ **Volumen de compra.** Tras una investigación de mercado que permite conocer el posible volumen de compras, se divide de manera similar que a los clientes actuales, clientes potenciales de:

- Alto volumen de compras
- Volumen de compras promedio
- Bajo volumen de compras

➲ **Grado de influencia.** Este tipo de clientes también necesita de investigación de mercado para identificar a las personas que ejercen influencia en el público que a la empresa interesa. Es por ello que se dividen de forma similar a los actuales; clientes potenciales:

- Altamente influyentes
- De influencia regular
- De influencia familiar

 PARA SABER MÁS

Las marcas se vinculan a personas influentes para que su imagen sea difundida y asociada a los valores de esta. En cuanto la persona famosa se desvía de estos valores, las empresas se desvinculan. Este fue el caso de Adidas con Dani Alves, accede desde aquí para poder verlo:

https://redirectoronline.com/comm060204

Una vez la empresa conoce a su público actual y potencial, es el momento de segmentarlo. Es decir, dividir el mercado en grupos homogéneos para llevar a cabo una estrategia comercial a cada uno de ellos y así conseguir alcanzar los objetivos de la empresa y satisfacer más eficazmente al consumidor.

Debido a esta similitud dentro de cada grupo, es probable que respondan de modo similar a las estrategias de *marketing* que las empresas realicen. Cada uno de esos grupos se llama **segmento** o **nicho de mercado**.

 ## DEFINICIÓN

Segmento o nicho de mercado
Grupo de personas homogéneas entre sí a los que la empresa, debido a sus cualidades semejantes, dirigirá su estrategia para obtener los objetivos que desea.

Muchas son las empresas que comienzan su andadura dirigiéndose a un solo nicho para luego, cuando crecen, ampliar y dirigirse a más de uno. Atender a toda la demanda es un objetivo muy ambicioso. La empresa debe plantearse si puede o quiere atender a toda la demanda, por ejemplo, si su planta de producción no está preparada, la forma de distribución no lo permite, por imagen no lo desea, entre otros motivos.

 ## EJEMPLO

En el mundo del automóvil hay variedad de estrategias.

Algunos fabricantes de coches quieren atender la demanda del máximo número posible de consumidores.

Para ello, Ford, por ejemplo, crea distintos modelos: para la ciudad, todo terreno, gama alta, monovolumen, furgonetas; e incluso dentro de cada modelo presenta distinta oferta de equipamiento y motorización.

En cambio, la estrategia de otros fabricantes dentro del sector automovilístico es la especialización, como puede ser Ferrari.

 **VÍDEO**

Puedes profundizar en el nicho de mercado orientado a nuevos negocios visualizando un vídeo que lo explica. Para ello accede desde aquí:

https://redirectoronline.com/comm060205

Gracias a una correcta segmentación las empresas pueden identificar oportunidades de negocios, detectar segmentos insatisfechos a los que dirigirse, mejorar su relación con el consumidor, adaptar el producto o servicio a las necesidades de estos e incluso, gracias a una correcta segmentación, redistribuir los presupuestos de publicidad de una forma correcta y diseñar acciones de *marketing* más eficientes.

Los **requisitos** para que una segmentación sea efectiva son:

- ⮞ **Medible.** Los segmentos encontrados deben poder ser identificados y evaluados cuantitativamente. Para lo cual es importante conocer aspectos como su renta, cada cuánto hace tal compra, etc.
- ⮞ **Accesible.** Deben ser alcanzables por la empresa, para lo cual es necesario conocer los lugares específicos donde compran los productos y los medios de comunicación a los que se exponen más.
- ⮞ **Sustancial.** Debe ser lo suficientemente grande para que resulte rentable atenderlo.
- ⮞ **Estable.** Que permanezca a lo largo del tiempo estable para poder desarrollar las políticas de *marketing mix* y que dé tiempo a recoger frutos.
- ⮞ **Diferenciable.** Cada segmento se ha de diferenciar de otro en su comportamiento de compra o en el uso del producto. Y deben responder de forma diferente a las estrategias de *marketing*.
- ⮞ **Aplicable.** Debe ser posible atraer y atender al público seleccionado.

2.2. Criterios de selección del público objetivo

No podemos decir, por ejemplo, que mujeres de veintiocho y treinta y cinco años son iguales. Las hay que siguen estudiando, otras ya son madres, otras solteras que cada vez que tienen unos días libres salen a explorar el mundo, y otras que disfrutan haciendo planes familiares sin salir de su pueblo o ciudad. Estas son solo algunas de las diferencias que nos podemos encontrar en mujeres entre estas edades que viven en la misma ciudad.

Ya no podemos basar nuestra segmentación en criterios demográficos, su poder adquisitivo o el lugar de nacimiento, ya que con criterios iguales podemos encontrar dos personas con gustos y estilos de vida completamente diferentes, como podemos observar en la siguiente fotografía:

Príncipe Carlos
- Hombre
- Nacido en 1948
- Criado en Reino Unido
- Casado dos veces
- Vive en un castillo
- Rico y famoso

Ozzy Osbourne
- Hombre
- Nacido en 1948
- Criado en Reino Unido
- Casado dos veces
- Vive en un castillo
- Rico y famoso

Mismos criterios de segmentación, diferentes estilos de vida. Fuente: https://ctagroup.es/noticias/la-importancia-de-conocer-y-definir-a-nuestro-cliente-ideal/

Ahora la segmentación va más allá de los criterios demográficos, socioeconómicos o geográficos; la segmentación tiene que ver con el estilo de vida o la personalidad.

A continuación, estudiaremos los criterios objetivos y los subjetivos, tanto los generales como los específicos.

Criterios	Generales: este tipo de criterios pretende medir diferencias que no pueden ser captadas tan solo por variables demográficas.	Específicos: se refieren a comportamientos de compra o de uso en relación con un producto dado, son de fácil medición.
Objetivos: Los criterios objetivos clasifican a la población con independencia de sus pautas de compra y consumo, son fácilmente medibles.	- Demográficos - Socioeconómicos - Geográficos	- Uso del producto. - Situación de uso y compra. - Categoría de usuario. - Tipo de compra. - Fidelidad a la marca. - Lugar de compra.
Subjetivos: Permiten identificar segmentos cuya demanda presenta disparidades muy significativas en su respuesta. Su forma de segmentar el mercado no es descriptiva, sino funcional.	- Personalidad - Estilos de vida	- Ventaja/beneficio buscado. - Actitudes, percepciones y preferencias.

A continuación se explica cada uno de ellos de manera más detallada:

- **Demográficos.** Son de los criterios objetivos que más se usan, y son la edad, el género, los ingresos, el tamaño familiar, la profesión, el puesto que ocupa, si está casado o casada, si tiene hijos, entre otros. Son muy fáciles de cuantificar y condicionan muchas veces el consumo de determinados productos.

  Ejemplo de una segmentación exclusivamente demográfica: hombre español de treinta a cuarenta años, con ingresos anuales menores a 20.000 €, divorciado, con dos hijos menores de diez años, y trabaja en una empresa de servicio con la categoría de mando intermedio.

  Ejemplo de productos pensados por segmentación demográfica: los *Happy Meal* de McDonald's.

- **Socioeconómicos.** Se tienen en cuenta criterios como el nivel de ingresos, educación, ocupación, clase social, estatus profesional, nivel de estudios, etc.

  Ejemplo de productos pensados por segmentación socioeconómica: relojes Cartier, la marca Loewe.

- **Geográficos.** Criterios como la región del mundo o el Estado, tamaño del país, clima, hábitat, ciudad, región, etc.

Ejemplo: el té se consume en mayor medida en el Reino Unido que en España. El vino se consume más en España o Italia que en Alemania, donde se bebe más cerveza.

- **Uso del producto.** Por ejemplo, en el uso del ordenador personal puede distinguirse entre los que lo utilizan solo para trabajar y los que lo usan solo para jugar, aprender o buscar información.
- **Situación de uso y compra.** Posibilidad de aislar grupos que busquen beneficios distintos en un mismo producto según la situación en que se encuentran. Es el caso de Aquarius, para deportistas, para personas que salen de fiesta, e incluso algunos lo beben cuando tienen el estómago mal.
- **Categoría de usuario.** Podemos diferenciar entre nuevos usuarios, antiguos y potenciales.
- **Tipo de compra.** Si es primera compra o compra repetida. Por ejemplo, muchas empresas regalan descuentos o muestras para premiar la repetición de la compra.
- **Fidelidad a la marca.** Hace referencia al grado de lealtad que el consumidor tiene hacia una marca, producto o servicio.
- **Lugar de compra.** El consumidor puede segmentarse también por el lugar habitual en donde adquiere el producto. Existen, por ejemplo, consumidores que realizan todas sus compras en El Corte Inglés, ya que pueden encontrar gran variedad de productos y servicios de todas las marcas, mientras que otros van a distintas tiendas para hacer la misma compra.
- **Personalidad.** Extrovertido, introvertido, dependiente, independiente, conservador, liberal, imitador, líder, autoritario, ambicioso...
- **Estilos de vida.** Se describe la forma de ser y de comportarse de los individuos a través de tres indicadores:

  - Cómo gastan su tiempo y dinero los consumidores o qué tipo de actividades llevan a cabo (aficiones, trabajo, compras, deportes, entretenimiento).
  - Qué consideran más importante en su entorno o interés que persiguen (familia, hogar, trabajo, moda, éxito, reconocimiento).
  - Visión sobre ellos mismos y el mundo que los rodea, así como las opiniones sostenidas (política, negocios, educación).

- **Ventaja/beneficio buscado.** Identificar qué busca el consumidor en su compra:

  - Los motivos de compra y consumo de cada clase.
  - Las principales marcas que proporcionan dichos beneficios.
  - Su posición con relación a una serie de atributos.

El motivo de compra de una persona que adquiere un coche para sus traslados por motivos laborales no es igual del que lo compra para mostrar su estatus social.

○ **Actitudes, percepciones y preferencias.** Son variables internas de la persona que intervienen en el proceso de decisión de compra. Por ejemplo, con la actitud social contra la obesidad y el ascendente culto al cuerpo aparecen nuevos aparatos de gimnasia pasiva o gimnasios abiertos 24 horas, productos *light...*

VÍDEO

Conoce más sobre la segmentación y la importancia del estudio del consumidor como planificación del *marketing* visualizando un vídeo que lo explica. Para ello accede desde aquí:

https://redirectoronline.com/comm060206

APLICACIÓN PRÁCTICA

Lucía debe poner un ejemplo de producto o servicio de criterio demográfico. Ha escrito una lista, pero no está segura de cuál coger. ¿Puedes indicarle cuáles son las correctas?

- **Cuenta Junior Banesto.**
- **Relojes de pulsera Rolex.**
- **Pañales Ausonia Boys y Ausonia Girls.**
- **Gimnasio California.**
- **En los cines, el día del espectador.**

Continúa en página siguiente >>

<< *Viene de página anterior*

Solución

Las respuestas correctas son:

- Cuenta Junior Banesto
- Pañales Ausonia Boys y Ausonia Girls.

La primera respuesta es un servicio orientado a un segmento por edad, mientras que la segunda respuesta, va orientada al género de los niños.

La razón última de segmentar a tu público es elegir cómo actuar sobre él dependiendo de sus características. Pero antes de definir estrategias concretas, la empresa debe considerar si se va a dirigir a todo el mercado (como vimos más arriba, era lo que hacía Ford) o se dirigirá a uno o más segmentos. Por tanto, podemos hablar de tres **estrategias iniciales:**

Indiferenciada	Se dirige al mercado en general con una única oferta y desarrolla un único *marketing mix* para todo el mercado.
Diferenciada	Consiste en desarrollar para cada uno de los segmentos objetivos estrategias de *marketing* diferente. Por ejemplo, la marca de leche Pascual, ya que ofrece leche entera, semi, desnatada, con calcio... o yogures desnatados, con frutas, bio, con cereales, de soja...
Concentrada	Suele darse cuando la empresa no puede atender a todos los segmentos del mercado porque no tiene recursos suficientes para ello y se dirige a los segmentos donde tiene alguna ventaja competitiva para conseguir mayor penetración. Un ejemplo de estrategia de segmentación concertada es la marca de televisores de gama alta Loewe, que debido a su gran calidad y diferenciación solo se venden en establecimientos exclusivos a un precio elevado. Esta marca se concentra en el segmento del mercado dispuesto a pagar un precio elevado en relación con su buena calidad y prestaciones.

3. Identificación de los principios básicos de posicionamiento y *branding*

☞ HILO CONDUCTOR

La empresa contratada por Sol Naranja para hacer una investigación de mercado le propone estudiar no solo cómo es su público potencial, sino también cómo ve su público a la marca, de una forma positiva o negativa, si la asocian con una palabra, con un color o una imagen, además de averiguar cómo perciben a la competencia. Con toda la información que recojan comenzarán a plantearse estrategias. Ya no irán a ciegas sobre lo que opinan de la marca o los productos, y sabrán lo que valoran.

- -

¿Por qué cuando nos piden que pensemos en una marca de hamburguesas o de refrescos se nos viene a la cabeza McDonald's o Burger King y Coca Cola o Pepsi? Aunque quizá no sean tus favoritas, sí son las que están mejor posicionadas para ti.

¿Cómo han hecho para quedarse en tu mente y ocupar un puesto privilegiado? Principalmente porque han construido muy firmemente su marca y trabajado su posicionamiento.

En *marketing* se busca diferenciar la marca, el producto o el servicio, y es que, ante dos productos homogéneos, el consumidor comprará el más barato, así que debemos crear un valor único y diferenciado en la mente del consumidor y para tener una ventaja competitiva.

Los autores Kotler y Keller definen el **posicionamiento** como la acción de diseñar la oferta y la imagen de una empresa, de tal modo que ocupen un lugar distintivo en la mente de los consumidores.

3.1. El *branding* - construcción de una marca

La marca es lo que se construye para perdurar en el tiempo y distingue a una empresa de la competencia, va más allá de un simple nombre, es el espíritu de una empresa; y el *branding* es el proceso de definición y construcción de esa marca a través de la gestión de todos los elementos tangibles e intangibles que la rodean. Elementos que van desde los colores e imagen corporativa hasta aspectos intangibles como la personalidad o la experiencia del cliente.

La identidad que se busca en toda marca es que sea distintiva, relevante, que perdure en el tiempo, y el *branding,* por tanto, buscará transmitir la imagen de la empresa deseada, mejorar la reputación de la marca siempre asociada a un concepto positivo, colocarla en la mente del consumidor y construir vínculos de lealtad, lo que llamamos posicionamiento y veremos en los siguientes apartados.

La imagen corporativa de una empresa es la combinación de colores, diseños y elementos de texto que busca transmitir la filosofía de una empresa.

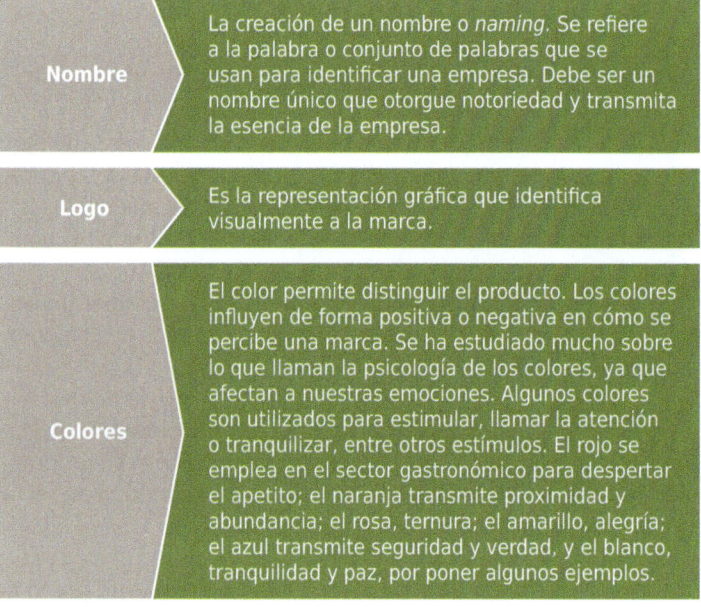

Nombre
La creación de un nombre o *naming.* Se refiere a la palabra o conjunto de palabras que se usan para identificar una empresa. Debe ser un nombre único que otorgue notoriedad y transmita la esencia de la empresa.

Logo
Es la representación gráfica que identifica visualmente a la marca.

Colores
El color permite distinguir el producto. Los colores influyen de forma positiva o negativa en cómo se percibe una marca. Se ha estudiado mucho sobre lo que llaman la psicología de los colores, ya que afectan a nuestras emociones. Algunos colores son utilizados para estimular, llamar la atención o tranquilizar, entre otros estímulos. El rojo se emplea en el sector gastronómico para despertar el apetito; el naranja transmite proximidad y abundancia; el rosa, ternura; el amarillo, alegría; el azul transmite seguridad y verdad, y el blanco, tranquilidad y paz, por poner algunos ejemplos.

 **PARA SABER MÁS**

Aunque a diario se llama logotipo a toda representación gráfica de una empresa, hay diferentes tipos que los profesionales diferencian:

Continúa en página siguiente >>

<< Viene de página anterior

- **Logotipo:** la representación gráfica de una marca mediante letras.

- **Isotipo:** la representación gráfica de una marca mediante un símbolo o icono.

- **Imagotipo:** la representación gráfica de una marca mediante una o más palabras combinadas perfectamente con un símbolo o icono.

- **Isologo:** la representación gráfica en la que isotipo y logotipo son indivisibles.

Además, la identidad corporativa está formada por la identidad visual, la identidad comunicativa y la identidad emotiva (valores que transmiten, códigos de conducta...), y es el *branding* lo que trabaja para crear una percepción de la marca satisfactoria y genere vínculos emocionales a lo largo del tiempo.

Infografía de lo que es Imagen corporativa, identidad corporativa y *branding*

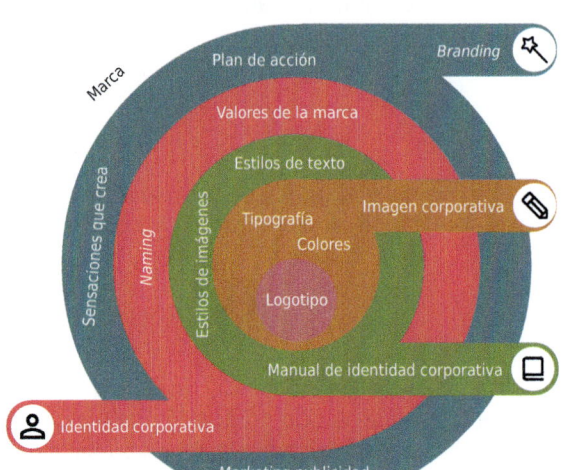

Una realidad es que una empresa podrá tener siempre el control de su marca. Puede trabajarla y tratar de reconducir la sensación que tienen los consumidores, pero ha de haber un control continuo de seguimiento de la reputación de esta, y más aún desde la existencia de internet.

Actualmente podemos encontrar diferentes tipos de *brandings,* dependiendo del ámbito al que estén dirigidos. Entre estos encontramos:

- ⮑ ***Branding* corporativo.** Desarrolla la marca a partir de una empresa y la da a conocer con fines comerciales.
  Influye sobre todos los aspectos de la marca o empresa (productos, servicios, identidad visual, puntos de distribución y venta, presencia en internet, publicidad, trabajadores, comunicaciones, etc.).
- ⮑ ***Branding* personal.** Está centrado en definir la personalidad y los atributos de la marca en las redes sociales y canales utilizados para comunicar. Cuando nos referimos a marca personal, la marca se define poniendo en el centro a la persona. Habitualmente se lleva a cabo con quienes quieren destacar su perfil profesional.
  Se utiliza en gran medida para las personas famosas, *influencers,* actores y actrices, entre otros sectores.
- ⮑ ***Employer branding.*** Este *branding* afecta a la marca directamente, puesto que analiza el trato que reciben las personas que trabajan en la marca.
  Este *branding* se vuelve fundamental cuando la empresa quiere captar o retener a los diferentes trabajadores que forman parte de su plantilla.

En esta estrategia, se vuelven fundamentales los propios empleados, ya que se convierten en embajadores de la marca, hablando y recomendando su empresa para trabajar porque se sienten involucrados con los valores que persigue la compañía.

⊃ *Co-branding.* Es el resultado de unir las fuerzas comerciales de varias empresas para aumentar los beneficios que podrían obtener si trabajasen de forma individual.

Aunque se puede fusionar la identidad visual, lo más habitual es colocar todos los logos juntos para que los consumidores no tengan que hacer el esfuerzo de averiguar qué empresas se han unido.

⊃ *Branding* **político.** Es similar al *branding* persona, pero asociado a una figura política.

Se utiliza en campañas políticas en las que se trata de diferenciar al candidato del resto.

Esta estrategia se centra en transmitir las habilidades y el carisma del candidato para demostrar que tiene la preparación y experiencia exigida para desempeñar el puesto al que se postula.

⊃ *Digital branding.* Se engloban dentro de este *branding* todos los procesos sobre una marca que se llevan a cabo en internet.

Afecta a la totalidad del contenido digital disponible sobre la marca como la página web, entradas del blog, perfiles y publicaciones en redes sociales, contenidos multimedia, anuncios, etc.

⊃ *Branding* **actitudinal.** Se busca la identificación de la mara con una actitud de forma que los consumidores con un estilo de vida específico la asocien con su comportamiento.

Para ello se utilizan los elementos verbales y visuales mediante los que se transmitirán los valores, la personalidad, el comportamiento y el compromiso de la marca ante una situación determinada a un estilo de vida definido.

⊃ *Branding* **emocional.** Este tipo de *branding* pone en su centro las emociones que se pueden encontrar en la marca y que se pretenden infundir en sus clientes o público.

Se basa en la psicología para entender a los consumidores y poder desarrollar campañas que apelen a sus sentimientos para generar vínculos entre la marca y sus clientes o consumidores.

⊃ *Branding* **social.** Este tipo de *branding* trata de que la compañía se involucre con una causa benéfica para humanizar la marca, puesto que marca y consumidor se sitúan al mismo nivel.

Las acciones más habituales son la colaboración con asociaciones benéficas, sin ánimo de lucro, o causas medioambientales.

⊃ *Branding* **de producto.** Cuando una empresa dispone de diferentes productos y quiere posicionarlos en el mercado, se desarrolla esta estrategia.

Se crea para cada producto una estrategia de posicionamiento en el mercado, para las que se crean diferentes identidades visuales.

- ⮞ *Country branding.* Estrategia llevada a cabo por un país para tratar de posicionarse con respecto al resto.
  No debemos confundirlo con una promoción turística, ya que lo que trata de crear el *country branding* es una imagen positiva y, de acuerdo con esa imagen, atraer turistas, inversores, empresas, etc.
- ⮞ *Rebranding.* Momento en el que una marca o empresa decide que debe actualizar su marca realizando cambios en el logotipo, la tipografía, el diseño y, como caso extremo, el nombre de la marca.
- ⮞ *Audiobranding.* Esta estrategia trata de cautivar al consumidor mediante el uso de un componente auditivo.
  Para ello puede utilizar el audiologo, el *jingle* o la *brand song*.
- ⮞ *Branding* **olfativo.** El *branding* olfativo se posiciona como una estrategia innovadora para diferenciar una marca de sus competidores.
  Los olores están vinculados a los recuerdos y los asociamos y clasificamos en nuestro cerebro junto con las emociones que estos nos despiertan.
- ⮞ *Branding* **gustativo.** Intenta que el consumidor identifique fácilmente la marca por un sabor.
  Este tipo de *branding* se utiliza poco debido en parte a que, como indica Aradhna Krishna, los humanos solo podemos diferenciar cinco sabores puros (ácido, amargo, dulce, salado y umami).
- ⮞ *Branding* **experiencial.** Se utilizan diferentes elementos experienciales para transmitir la esencia de la marca.
  Se relacionan las emociones de los consumidores con las situaciones en las que la marca está presente. Muchas marcas recurren al patrocinio de eventos para que se les relacione con las emociones que sentirán los asistentes a los mismos.

NOTA

Entretente un rato, realizando un cuestionario para averiguar el grado de conocimiento que tienes de las diferentes marcas que podemos encontrar a nuestro alrededor. Para ello accede desde aquí:

https://redirectoronline.com/comm060207

- -

3.2. Posicionamiento de marca

Debemos entender cómo funciona la mente humana. En todo momento estamos siendo bombardeados por estímulos de comunicación, cuando vamos por la calle, en las marquesinas, en vallas publicitarias, anuncios de los autobuses, escaparates, redes sociales, televisión, radio, revistas... Nuestra mente va organizando esta información que recoge en categorías y estas tienen un orden, es lo que los autores Al Ries y Jack Trout llamaron **escaleras en la mente.** Las marcas mejor posicionadas ocupan el peldaño más alto y, dependiendo de la importancia que una categoría tiene para una persona, variará el número de escalones. Por ejemplo, si no te interesan los ordenadores, va a ser difícil mencionar más de tres marcas. En caso contrario, podrás mencionar más de cinco y seguramente tienes una marca favorita que está arriba de la escalera.

SABÍAS QUE...

Más del 75 % de las personas realizan sus compras basadas en una marca.

La escalera de la mente también ayuda a entender lo difícil que es que el consumidor introduzca en su cabeza una nueva categoría. Para hacerlo, para introducir una categoría nueva, se ha de partir de algo que a las personas les resulte familiar. Por ejemplo, cuando se introdujeron los móviles, estos podrían haberse llamado de muchas maneras, pero se optó por teléfono móvil, relacionándose así con algo que ya conocían, el teléfono, ya que solo la palabra "móvil" no significaba nada para las personas.

Otro punto destacable es que recordamos más fácilmente a los primeros en hacer algo. Neil Armstrong fue el primero en pisar la Luna, pero ¿quién la pisó después de él? Los mismos autores, Al Ries y Jack Trout, en su libro *Las 22 Leyes inmutables del marketing,* identificaron los principios que gobiernan en el mundo del *marketing* estratégico y los dividieron en 22 leyes. Conozcamos alguna de estas leyes, muy interesantes para entender el posicionamiento de las marcas y cómo funciona en *marketing:*

➲ **Ley del liderazgo.** Es mejor ser el primero que ser el mejor. Lo ideal es crear una categoría en la que se puede ser el primero porque es más difícil tratar de convencer a alguien que tu producto o marca es la mejor. En muchas ocasiones, la primera marca se convierte en un producto genérico, como le sucedió a Kleenex, Tampax o Bimbo, pues usamos estos nombres para hacer referencia al producto, aunque sean de otras marcas.

Pero no por ser el primero el éxito llega; si el producto aparece demasiado tarde o se trata de una mala idea, está también condenado al fracaso.

- **Ley de la categoría.** Si no se puede ser el primero en una categoría, entonces se puede generar una donde pueda serlo. Por ejemplo, 7 Up en su momento se presentó como la "no cola", para ser desvinculada de la categoría de los refrescos y posicionarse la primera en las categorías de no cola. IBM era líder en ordenadores, por lo que Apple se dirigió a una categoría de ordenadores para profesionales.

- **Ley de la mente.** Es mejor ser el primero en la mente del consumidor que el primero en el punto de venta. Siguiendo el ejemplo de la categoría ordenadores, el primero en salir al mercado fue Remington Rand con la UNIVAC. Sin embargo, gracias al esfuerzo del *marketing,* IBM penetró en la mente primero y ganó la batalla.

- **Ley de la percepción.** El *marketing* es una batalla de percepciones, no de productos. Según muchos, este es el concepto fundador del *marketing.* En la mente del consumidor existen percepciones subjetivas que son difíciles de cambiar porque, para ellos, esas percepciones son la realidad. ¿Por qué sabes que es bueno un vino que acabas de comprar? ¿Por el precio, la botella, el sabor, la marca, la etiqueta...?

- **Ley de la concentración y de la exclusividad.** Si una marca se apropia de una palabra en la mente del consumidor, el producto será identificado con esa palabra. Y la ley de la exclusividad dice que dos empresas no pueden tener la misma palabra en la mente de los clientes. Por ejemplo, para Volvo su palabra *es seguro;* para maletas Samsonite, *duras* y *resistentes,* y para Coca Cola, *felicidad.* Un caso contrario es el de Duracell y Energizer, que durante muchos años se han disputado apropiarse de la palabra (beneficio) *duradera* en la mente del consumidor.
  Las palabras más eficaces son las más simples y las orientadas al beneficio.

- **Ley de la escalera.** En la mente del consumidor hay una jerarquía de marcas dentro de una categoría que tenderá a elegir la que esté más arriba de la escalera, de la jerarquía. Una marca debe conocer qué lugar ocupa dentro de su público objetivo.

- **Ley de la dualidad.** A la larga, en un mercado se quedan dos grandes participantes: Coca Cola y Pepsi; Apple y Microsoft.

- **Ley de lo opuesto.** Si una marca está en segundo lugar, debe presentarse al consumidor como una opción diferente. No buscar ser el mejor en el aspecto donde el líder ya lo es.

- **Ley de la perspectiva.** Los resultados del *marketing* son a largo plazo. Todas las acciones y estrategias que la empresa haga ahora tendrán ciertos efectos en el corto plazo, tal vez benéficos, aparentemente; sin embargo, los efectos reales y más duraderos del *marketing* están en el largo plazo. Por ejemplo, aunque las rebajas de un comercio a corto plazo incrementan las ventas, a largo plazo pueden suponer habituar a los clientes a comprar a precios reducidos y que los beneficios, a la larga, desciendan.

El posicionamiento va más allá que una mera campaña de publicidad que comunique un mensaje. Es solo un elemento de muchos que se suman para lograr ese buen posicionamiento.

Influyen en el posicionamiento:

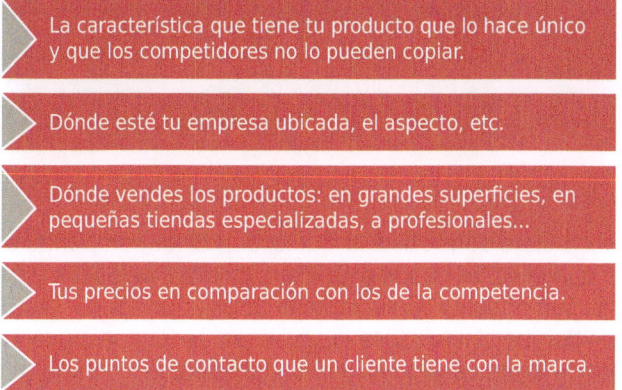

La característica que tiene tu producto que lo hace único y que los competidores no lo pueden copiar.

Dónde esté tu empresa ubicada, el aspecto, etc.

Dónde vendes los productos: en grandes superficies, en pequeñas tiendas especializadas, a profesionales...

Tus precios en comparación con los de la competencia.

Los puntos de contacto que un cliente tiene con la marca.

Cada uno de los elementos mencionados, y muchos más, comunican algo y contribuyen al posicionamiento que tendrá la marca. Por lo tanto, y con lo visto hasta ahora, es lógico pensar que la empresa debe definir sus cuatro P alineándolas al posicionamiento que se desea: productos, precios, distribución y comunicación.

DEFINICIÓN

Punto de contacto con la marca
Es cualquier situación en la que un cliente entra en contacto con la marca, bien antes, durante o después de la adquisición del producto o servicio.

- -

Llevando a cabo una investigación de mercado, la empresa puede llegar a conocer lo necesario para mejorar su posicionamiento. Los resultados de esta investigación deben:

> Reflejar la realidad de su posicionamiento en ese momento. Si la marca está en la mente del público potencial, y en caso afirmativo, si la recuerdan por algo negativo o positivo.

> Dar a conocer qué otras marcas están bien posicionadas en sus mentes, cuál es la número uno y en qué escalón está tu marca.

> Descubrir en qué es mejor tu marca frente a los competidores, cuál es tu fortaleza.

Teniendo claro dónde está la marca, dónde los competidores y en qué eres mejor que ellos, se puede empezar a elaborar una estrategia de posicionamiento que deberás implementarla trabajando las 4 P de tu empresa. Tras mucho tiempo siguiendo la misma línea, se irá construyendo el posicionamiento de tu marca, algo muy importante en un mercado saturado.

 ## ACTIVIDAD COMPLEMENTARIA

4. Consulta la página web, sobre el caso de la guerra de Duracell y Energizer por el conejito rosa que dura y dura, puedes hacerlo accediendo desde aquí:

https://redirectoronline.com/comm060208

A continuación, contesta a una pregunta: ¿cuál es la ley de *marketing* de las estudiadas que no se cumple y debe estar preocupando a Duracell?

3.3. Posicionamiento de productos y servicios

El posicionamiento de productos o servicios hace referencia al lugar que ocupa dicho producto en la mente del público objetivo. Entonces, ¿en qué se diferencia el posicionamiento de marca con este otro?

El posicionamiento de marca engloba aquellos aspectos no tan tangibles como la misión, visión y valores, los elementos diferenciadores con la competencia, en definitiva, la personalidad de la empresa, y debe estar ligado a la estrategia de la compañía. En cambio, el posicionamiento del producto hace referencia a las características, atributos y beneficios.

Pero, sin lugar a duda, ambos posicionamientos deben ir alineados. No podemos pretender que el público nos vea como una empresa ecológica y comprometida con el planeta y que nuestros productos se fabriquen con envases no reciclables. El *marketing* busca crear una relación directa y dependiente entre la esencia del producto, la imagen de marca que genera y la percepción que tiene el consumidor de este.

Para lograr posicionar un producto, debemos determinar al menos **tres puntos básicos** consecutivos:

1. Determinar característica. Identificar la mejor característica de este producto y analizar en qué punto se encuentra la competencia respecto a dicha característica. ¿La competencia también la tiene? ¿Cuál es su característica fuerte? De esta forma, podremos llegar a determinar el atributo o concepto por el que queremos ser conocidos.

No todas las características ayudan a diferenciarse. Se trata de generar una ventaja que satisfaga los siguientes criterios:

- ⮑ Relevante público objetivo.
- ⮑ Distintiva: que no sea común a la competencia.
- ⮑ Superior: en cuanto a calidad, ofrece más beneficios que la competencia.
- ⮑ Comunicable: que sea transmisible a través de acciones de *marketing*.
- ⮑ Preferente: que la competencia no pueda reproducirla tan fácilmente.
- ⮑ Asequible: en el sentido de que no suponga un esfuerzo económico que el consumidor no aprecie.
- ⮑ Rentable: que se pueda realizar sin tener que invertir mucho y que suponga un beneficio para la empresa.

2. Desarrollo de estrategia. Desarrollar la estrategia en línea con esa ventaja o ventajas competitivas. Básicamente podemos dirigirnos a:

- ⮑ Fortalecer la posición que ya tiene.

⊃ Volver a ocupar una posición pasada.
⊃ Intentar superar a la competencia.

Escojamos la estrategia que escojamos, se convertirá en el punto de partida.

Hay una serie de estrategias que debemos evitar:

⊃ **Subposicionamiento:** estrategia basada en presentarse como un competidor más. La consecuencia puede ser que los consumidores no tengan una percepción clara.
⊃ **Posicionamiento confuso:** al intentar promocionar y resaltar varios atributos, la imagen no se consolida, variando temporalmente.
⊃ **Posicionamiento dudoso:** cuando hay pérdida de credibilidad en la marca. Ocurre cuando la marca lanza al mercado productos que no se adaptan a la realidad.

3. Implementación. Hay que transmitir, transmitir y transmitir este posicionamiento al mercado a través de las acciones de *marketing*. Estas acciones deberán ser consecuentes con la estrategia de posicionamiento que elijamos. Durante un tiempo no se podrá variar el posicionamiento para no confundir al consumidor hasta lograr que se consolide y, por supuesto, se deben evitar incongruencias entre la política de comunicación y el resto de los atributos del producto como son el precio, la distribución o la calidad, ya estudiados.

 IMPORTANTE

En el posicionamiento de producto, se rige la ley de la exclusividad que dice que dos productos no pueden tener la misma palabra, característica destacable, atributo... en la mente de los clientes.

- -

Cuando trabajamos para determinar la característica diferenciadora y desarrollar la estrategia, nos podemos centrar en diferentes **tipos de posicionamiento:**

⊃ **Por atributo.** Es muy común, y se busca el lugar en la mente de los consumidores respecto a una característica que posee. Para esta estrategia es muy importante conocer a fondo al público objetivo y que dicho atributo que se va a poner en valor sea una característica que dicho público aprecia y ve como importante a la hora de elegir un producto u otro.
⊃ **Por beneficio.** La idea es buscar posicionarse respecto a un provecho que puede obtener el consumidor y del que la competencia carece.

- ➲ **Por uso.** Por uso o aplicación, es similar al anterior, pero en este caso es desde el punto de vista del uso del producto.
- ➲ **Por competidor.** Esta estrategia se basa en analizar al competidor y reflejar una comparación. Es un comportamiento muy común de los recién llegados a un mercado.
- ➲ **Por categoría de productos.** Buscar posicionarse como el líder en cierta categoría de productos. Suele darse en mercados muy saturados.
- ➲ **Por calidad-precio.** Es una estrategia muy útil en los mercados en los que el factor precio tiene mucho peso y se busca promocionar el mayor número de beneficios en comparación con la competencia, y que la relación calidad-precio sea equilibrada.
- ➲ **Por combinación.** Es la base del *marketing* colaborativo entre empresas. Se combinan sinergias entre varias marcas y productos.

IMPORTANTE

Para cualquier tipo de posicionamiento es fundamental conocer la demanda, necesidades y gustos del consumidor.

- -

ACTIVIDAD COMPLEMENTARIA

5. Analiza la marca Donuts. Busca en *YouTube* cinco anuncios suyos, de los años setenta, ochenta, noventa, década de los 2010 y de los 2020 hasta nuestros días, y extrae cuatro características que en todos estos anuncios tratan de comunicar. Después, en cada una de ellas, indica qué tipo de posicionamiento busca de los desarrollados anteriormente (por atributo, beneficio, por uso...).

- -

4. Resumen

En el microentorno de la empresa vemos cómo el consumidor y el público objetivo van cambiando a lo largo de los años, no solo en gustos, sino también en la forma de comprar y de consumir. Aparece una figura nueva, el *prosumer,* que se diferencia de un usuario digital común en estas tres características:

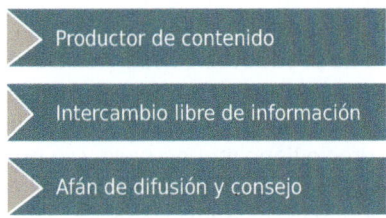

En definitiva, es cualquier persona con la capacidad de publicar sus opiniones acerca de cualquier marca, producto o servicio.

En este microentorno cambiante, la empresa se ve forzada cada vez más a hacer una investigación de mercado y estudiar, entre otros aspectos, sus tipos de clientes, cómo consumen, dónde compran, qué les gusta... para ayudar al departamento de *marketing* a planificar e implementar acciones para lograr identificar cómo retener a los clientes que ya tiene e identificar a los posibles clientes para transformarlos en clientes actuales.

La clasificación básica que toda empresa debe realizar sobre sus clientes es:

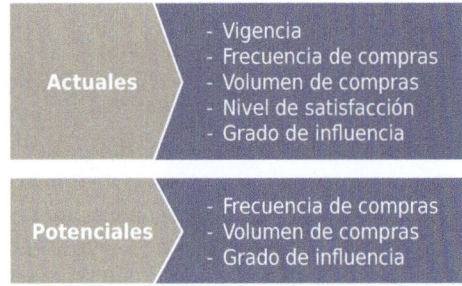

Los requisitos para que haya una segmentación efectiva son:

Ahora la segmentación va más allá de los criterios demográficos, socioeconómicos o geográficos; la segmentación tiene que ver con el estilo de vida o la personalidad.

Criterios	Generales	Específicos
Objetivos	- Demográficos - Socioeconómicos - Geográficos	- Uso del producto. - Situación de uso y compra. - Categoría de usuario. - Tipo de compra. - Fidelidad a la marca. - Lugar de compra.
Subjetivos	- Personalidad - Estilos de vida	- Ventaja/beneficio buscado. - Actitudes, percepciones y preferencias.

La marca es lo que atrae o no al público objetivo y distingue a una empresa de la competencia. Va más allá de un simple nombre, es el espíritu de una empresa, y el *branding* es el proceso de definición y construcción de esta marca a través de la gestión de todos los elementos tangibles e intangibles que rodean a la marca.

La imagen corporativa de una empresa es la combinación de colores, diseños y elementos de texto que busca transmitir su filosofía.

La identidad corporativa está formada por la identidad visual, la identidad comunicativa y la identidad emotiva (valores que transmite, códigos de conducta...), y el *branding* es lo que trabaja para crear una percepción de la marca satisfactoria y genere vínculos emocionales a lo largo del tiempo.

El posicionamiento de marca es el lugar que ocupa en la mente del consumidor dicha marca. Algunas leyes para entender el posicionamiento de las marcas y cómo funciona en *marketing* son:

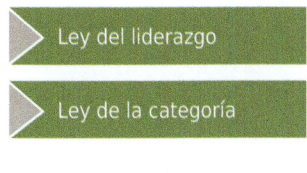

Ley del liderazgo

Ley de la categoría

Continúa en página siguiente >>

‹‹ *Viene de página anterior*

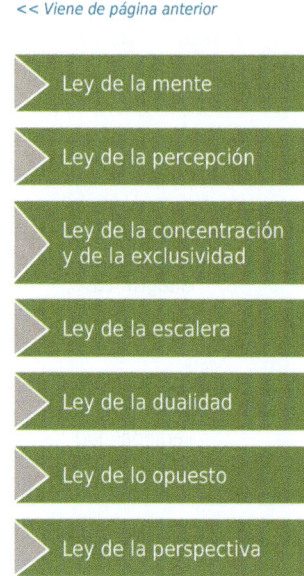

El posicionamiento de productos o servicios hace referencia al lugar que ocupa dicho producto en la mente del público objetivo. Se diferencia del posicionamiento de marca en que este engloba aquellos aspectos no tan tangibles como su misión, visión y valores, sus elementos diferenciadores con la competencia, en definitiva, la personalidad de la empresa, y debe estar ligado a la estrategia de la compañía.

Ejercicios de autoevaluación
Unidad de Aprendizaje 2

1. Indica si las siguientes oraciones son verdaderas o falsas:

a. Es mejor ser el primero en el punto de venta que el primero en la mente del consumidor.

■ Falso
■ Verdadero

b. Los efectos del *marketing* son a largo plazo.

■ Falso
■ Verdadero

c. Las empresas solo deben usar el *marketing* para vender.

■ Falso
■ Verdadero

d. Las empresas deben generar productos escuchando al consumidor.

■ Falso
■ Verdadero

2. ¿Qué es un *prosumer*?

a. Una empresa que se dirige a un solo nicho de mercado.
b. Una persona que consume y produce información.
c. Un usuario digital.
d. Las opciones a y c son correctas.

3. Los clientes que compran o compraron en un periodo de tiempo corto son:

a. Actuales
b. Potenciales
c. Perdidos
d. Todas las opciones son incorrectas.

4. La característica fundamental de un nicho de mercado es que...

    a. ... el grupo se localiza en un mismo lugar.
    b. ... todos se conocen entre sí.
    c. ... es un grupo de personas homogéneas entre sí.
    d. Todas las opciones son incorrectas.

5. Indica cuál de las siguientes afirmaciones es la correcta:

    a. Dirigirse a más de un segmento solo depende de si la empresa quiere o no.
    b. Para dirigirse a más de un segmento la empresa debe estudiar si puede producir más.
    c. Para dirigirse a más de un segmento la empresa debe estudiar si la imagen que daría va en línea con su estrategia.
    d. Las opciones b y c son correctas.

6. ¿Cuáles son algunos de los requisitos para una segmentación efectiva?

    a. Medible, estable y fuerte.
    b. Sustancial, diferenciable y fuerte.
    c. Medible, accesible y única.
    d. Medible, sustancial y diferenciable.

7. Indica cuáles son los criterios objetivos de segmentación:

    a. Criterio demográfico
    b. Criterio por uso del producto
    c. Criterio de fidelidad a la marca
    d. Todas las opciones son correctas.

8. Indica qué afirmación es la correcta:

    a. La identidad que se busca en toda marca es que sea distintiva, relevante, que perdure en el tiempo.
    b. Todas las empresas buscan que su marca sea reconocida y recordada, aunque sea por características no muy positivas.
    c. Toda marca cuenta con logotipo e isotipo.
    d. La marca nunca busca transmitir una emoción, esa es la función del producto al ser consumido.

9. El *branding* busca...

    a. ... transmitir la imagen de la empresa deseada.
    b. ... colocarla en la mente del consumidor.
    c. ... construir vínculos de lealtad.
    d. Todas las opciones son correctas.

10. ¿Cuál es el posicionamiento que engloba los aspectos como la misión, la visión y sus valores, sus elementos diferenciadores con la competencia, en definitiva, la personalidad de la empresa?

    a. Posicionamiento del producto.
    b. Posicionamiento de marca.
    c. Posicionamiento de nicho de mercado.
    d. Las opciones a y b son correctas.

Integración: *marketing on* y *off* (*marketing* digital). El plan de *marketing*

Contenido

1. Introducción
2. Caracterización del comportamiento digital del cliente
3. Desarrollo de un plan de *marketing*
4. Resumen

Objetivos

El objetivo general de esta Unidad de Aprendizaje es:

→ Elaborar un plan de *marketing* digital combinando herramientas tradicionales con elementos propios del *marketing* digital.

Los objetivos específicos de esta Unidad de Aprendizaje son:

→ Conocer la evolución de la relación entre empresas y clientes.

→ Definir la experiencia del cliente en los canales *online* y *offline*.

→ Describir el ciclo de vida del cliente-*customer journey*.

→ Iniciarse en el uso de diferentes herramientas de medición digital.

→ Desarrollar el ciclo de vida de un cliente que compra un producto en un *marketplace*.

→ Conocer la estructura de un plan de *marketing*.

→ Saber plantear un plan de acción de *marketing*.

→ Saber plantear indicadores para el análisis y el control del plan de acción.

1. Introducción

La empresa está en contacto con el microentorno que no debe perder de vista. En este microentorno se halla su cliente actual o potencial y debe interactuar con él para lograr vender sus productos. La empresa actúa estudiando los segmentos y trabajando las estrategias definidas para conseguir la venta y el consumidor tiene una imagen de marca concreta.

Todo este análisis lo plasma en un plan de *marketing* que será la hoja de ruta para lograr los objetivos.

Sol Naranja tiene mucho camino que recorrer para lograr su objetivo principal: volver a ser una empresa referente en el sector de productos de limpieza. Debe conocer a su público y diseñar y ejecutar un plan de *marketing* de acuerdo a una estrategia.

2. Caracterización del comportamiento digital del cliente

☞ **HILO CONDUCTOR**

Sol Naranja sabe que tiene que empezar a conocer a su público objetivo. Se da cuenta que ha cambiado la forma de pensar, de comprar, etc., y Sol Naranja sigue ofreciendo lo mismo que ofrecía desde el comienzo y de la misma forma.

La evolución del sector tecnológico es algo que no podemos negar como tampoco podemos discutir que esta evolución ha tenido un impacto, positivo o negativo, en nuestros hábitos de consumo y en la forma en la que nos relacionamos entre las personas y con las marcas o empresas.

Esta evolución ha provocado que, sobre todo, las empresas quieran conocer los hábitos de consumo, sus necesidades y el comportamiento de su público objetivo para adecuarse a sus requerimientos y así posicionarse como referentes dentro de su sector.

El cliente actual ha pasado de ser un cliente cuya única información a la que podía acceder era la que estaba disponible en el momento de llevar a cabo la compra, a ser un cliente digital que tiene en la palma de su mano una gran cantidad de herramientas, que no duda en utilizar, antes de efectuar la compra.

Esta evolución del tipo de cliente hacia un modelo digital mayoritariamente provoca que, antes de realizar una compra, se informe y haga una investigación sobre si el producto o servicio es el más adecuado a sus necesidades o si, por el contrario, hay otras opciones mejores o más económicas disponibles, simplemente realizando una búsqueda de información en internet.

El cliente digital utiliza cualquier dispositivo para mantenerse conectado con su entorno.

2.1. Las claves de la transformación en las relaciones con el cliente

Los clientes digitales no necesitan tocar el producto, sino que, gracias a la disponibilidad de la información en cualquier momento y desde cualquier ubicación, pueden comparar los productos, guardar información o incluso preguntarles a otros usuarios acerca de la experiencia y calidad del servicio recibido por las empresas antes de llevar a cabo la compra.

No debemos perder de vista que, al contrario que sucedía con los clientes "tradicionales", los clientes digitales dejan pistas de su comportamiento, por lo que se vuelve imprescindible el análisis de dicho comportamiento para adecuar nuestras estrategias empresariales a sus necesidades para tratar de fidelizar a nuestro público objetivo.

Podemos decir que los **clientes digitales** se caracterizan por ser personas hiperconectadas, hiperinformadas, que demandan inmediatez y que quieren tener una buena experiencia *online*.

De acuerdo con la encuesta *Global Consumer Insights,* realizada por PricewaterhouseCoopers International Limited, podemos establecer que al consumidor digital lo definen las siguientes **características:**

- ➲ **Impaciente.** El consumidor actual es impaciente en gran medida porque sabe que puede comprar el mismo producto en otras tiendas en cualquier momento.
  Espera respuestas casi inmediatas a sus dudas por los diferentes canales en los que tenga presencia la marca.
- ➲ **Exigente.** Este consumidor, además de querer productos de calidad, desea que las empresas con las que se relaciona se alineen con sus ideales y, si puede ser, colaboren en la mejora del entorno.
  Aprovecha la gran cantidad de alternativas que existen en internet para aumentar su capacidad de negociación y tratar de conseguir lo que pretende.
- ➲ **Informado.** Investiga sobre el producto antes de comprar y necesita que le resuelvan las dudas que pueda tener.
  Busca en internet análisis y testimonios que puedan ayudarle a resolver sus dudas antes de efectuar la compra, para conocer la calidad y la relevancia del producto que va a adquirir.
- ➲ **Interactivo.** Los consumidores tienen la posibilidad de interactuar con las marcas sin la necesidad de los intermediarios.
  Esta interacción no se limita a criticar o elogiar a las marcas, sino que provoca que los usuarios participen y se expresen directamente, lo que favorece que la marca conozca de primera mano lo que opinan y lo que esperan los consumidores y usuarios de ella.
- ➲ **Activo digital.** El usuario actualmente pasa la mayor parte del tiempo mirando su dispositivo, lo que puede suponer que acceda a una mayor cantidad de información.
- ➲ **Independiente.** Las nuevas generaciones son más impacientes y no quieren perder el tiempo con anuncios o seguir una gran cantidad de pasos para llevar a cabo una acción concreta.
  Quieren resolver sus problemas de forma intuitiva, ágil y autónoma.
- ➲ **Omnipresente.** Los consumidores actuales quieren comprar desde cualquier ubicación y en el momento que lo necesiten, sin tener que limitarse a un horario preestablecido.
- ➲ **Comprador infiel.** El consumidor actual únicamente es fiel a sus necesidades. Si ante una necesidad encuentra una marca que le satisface más económicamente, o con alguna característica superior, se irá con ella.
  Esta infidelidad se asocia también con la seguridad y la simplicidad de llevar a cabo el proceso de compra, gracias a la gran cantidad de opciones

que tiene disponibles en internet, puesto que sabe comparar y evaluar todas las posibilidades que tiene disponibles.

- **Hiperconectado.** Antes de realizar la compra, los usuarios revisan los comentarios y las valoraciones, e incluso contactan directamente con otros compradores para que les indiquen cómo ha sido su experiencia de compra y con el producto.

  La mayor parte de los consumidores comparten sus experiencias de compra a través de las redes sociales o portales de valoración de marcas y productos.

- **Poderoso.** Los consumidores digitales controlan sus decisiones, por lo que las empresas deben ayudarles a que tomen la mejor decisión para sus necesidades sin influirles en las decisiones de compra, para lo que tienen que trabajar los contenidos que publican en los distintos canales en los que tienen presencia.

- **Humanizado.** El lenguaje que la marca o empresa debe utilizar para contactar con su público debe estar alejado del lenguaje formal que utiliza términos corporativos.

  Una forma de vincular a los consumidores con las marcas es utilizar un lenguaje humanizado, fácil de entender por el público objetivo.

- **Formas de consumo.** El consumidor actual está preocupado por el entorno en el que se mueve, por lo que temas como el consumo sostenible, el trabajo colaborativo o el comercio justo son elementos que tienen en cuenta para definirse por una u otra marca o producto.

- **Multitarea.** El consumidor digital es capaz de interactuar con las marcas desde diferentes dispositivos de forma simultánea.

 PARA SABER MÁS

Puedes acceder a la encuesta desde aquí:

https://redirectoronline.com/comm060301

Adaptarse a las características del cliente digital es un trabajo continuo para lo que debemos analizar su comportamiento para tratar de cubrir sus necesidades. Si quieres conocer al cliente digital, es importante que:

Conozcas a tus clientes
- Debemos conocer a nuestro cliente y su comportamiento de forma que adaptemos nuestros productos o servicios a sus necesidades para ofrecerle la mejor experiencia para tratar de fidelizarlo.
- Hay que tener en cuenta que el cliente actual es más difícil de fidelizar debido a que basa sus decisiones finales de compra en las experiencias de otros consumidores, en lugar de la información que le ofrece la marca.

Estés conectado
- Hay que estar conectado con el cliente durante todo el proceso de compra para acompañarle en la toma de decisiones.
- Este trabajo debe llevarse a cabo por todos los miembros que intervengan en el proceso de compra, de forma que se pueda dar respuesta a las dudas del comprador en el momento en el que se produzcan.

No te resistas al cambio
- Implementa estrategias omnicanales. El marketing digital es una necesidad, puesto que los clientes primero buscan en internet lo que quieren.
- Hay que mejorar la accesibilidad y aportarles confianza para aumentar las posibilidades de selección de la marca. Podemos apoyarnos en herramientas que automaticen las respuestas.

 **VÍDEO**

Puedes visualizar un vídeo en el que Manel Valcarce nos explica cómo es el nuevo consumidor digital, accediendo desde aquí:

https://redirectoronline.com/comm060302

Actualmente para cualquier empresa es fundamental relacionarse con los usuarios para conocer su comportamiento y poder diseñar y ofrecerles productos y servicios que se adecuen a sus necesidades, para lo cual hay que cuidar la forma en la que nos relacionamos con ellos puesto que, no debemos olvidar, **el cliente digital no tiene limitaciones geográficas** y se valoran más las opiniones de otros usuarios que los contenidos que la empresa genere para vender dichos productos o servicios.

Aunque todos los consumidores digitales tienen las mismas características, también debemos tener en cuenta que cada uno también reúne unas actitudes y comportamientos diferentes, lo que da lugar a distintos tipos de consumidores. Los **tipos de consumidores digitales** más habituales que encontraremos en internet son:

- **Fieles.** Este es el modelo de consumidor que toda marca desea porque los compradores confían en la marca y la eligen siempre como primera opción de compra.
  Actualmente cada vez es más difícil fidelizar a los clientes debido a la gran cantidad de opciones de compra que hay en internet para el mismo producto o servicio.
  Algunas marcas cometen el error de olvidarse de los clientes que ya tienen, centrándose exclusivamente en los nuevos, pero a los fieles hay que reconocerles su fidelidad y ofrecerles beneficios que les hagan sentir que la empresa se preocupa por ellos.
- **Enfocados.** Este consumidor sabe lo que necesita y su única misión es obtenerlo con rapidez.
  Ya ha comprado más veces y no pierde tiempo buscando información.
  Puede ser fiel a una marca o no, por lo que las empresas o marcas deben tener un servicio ágil de atención para satisfacer a este tipo de clientes, o si se realiza a través de una página web, incorporar una herramienta de búsqueda.
- **Racionales.** Estos consumidores pasan mucho tiempo navegando por internet comparando posibilidades y ofertas.
  Contactan con el servicio de atención al cliente para asegurarse acerca de la marca o empresa y de la calidad del servicio que van a recibir.
  No realizan compras impulsivas, lo que provoca que posterguen sus decisiones si no encuentran lo que buscan.
- **Buscadores de ofertas.** Exploran las ofertas y promociones, puesto que es lo único que les hace llevar a cabo la compra.
  Están obsesionados con los precios y siempre piensan que hay formas de reducirlos un poco. No tienen prisa por comprar, pueden esperar si son conscientes de que el paso del tiempo les traerá una rebaja del precio y entonces lo comprarán.
- **Impulsivos.** Estos compradores se mueven por impulsos, es decir, todo lo que les atraiga necesitan tenerlo de manera inmediata.

Habitualmente no les importa el precio, lo único que quieren es un producto que satisfaga sus expectativas inmediatamente, para lo que se pueden usar los descuentos a corto plazo, cuentas atrás, etc.

Tenemos que aprovecharnos de esa impulsividad facilitando el proceso de compra y evitando registros o pasos que puedan contribuir a transformar la inmediatez en reflexividad que provoque que la compra no se lleve a cabo.

⮕ **Ocasionales.** Este tipo de consumidor puede asociarse a cualquiera de los tipos anteriores, pero estos compran de forma esporádica.

Estos consumidores no tienen apego por la marca y buscan lo que más les conviene, por lo que se debe cuidar la atención al cliente una vez que hayan comprado el producto.

Si analizamos el comportamiento de los consumidores digitales, también debemos analizar el comportamiento que estos tienen cuando quieren realizar una compra *online,* puesto que hemos visto que una característica de este tipo de público es la inmediatez y la impulsividad en las compras.

 PARA SABER MÁS

Si quieres ampliar la información sobre la forma de gestionar la atención al cliente de tu empresa, puedes ver una guía rápida de atención al cliente de Raquel López, accediendo desde aquí:

https://redirectoronline.com/comm060303

Podemos afirmar que los principales **factores que influyen en las decisiones de compra** de los clientes digitales son:

Calidad de los productos
La calidad y la imagen de los productos provocan recomendaciones que atraen a los nuevos consumidores.

Envíos gratuitos
Los consumidores actuales valoran positivamente que los gastos de envío sean gratuitos, puesto que cuanto mayor sea la sensación de ahorro, más atractiva resulta.

Devoluciones sin restricciones
Los clientes que compran *online* no han visto el producto, por lo que quizá no es el que esperaban o no cumple sus necesidades. De este modo, no se deben poner trabas a su devolución.

Recomendaciones
Los consumidores *online* se informan de la reputación de la empresa basando sus acciones en las opiniones y valoraciones de otros clientes.

Usabilidad
La *interface* debe ser sencilla e intuitiva, de forma que sea sencillo que los usuarios realicen una compra.

 PARA SABER MÁS

Te recomendamos que leas la entrada del blog de PuroMarketing, en la que se analizan la evolución y los hábitos del consumidor. Puedes acceder a ella desde aquí:

https://redirectoronline.com/comm060304

2.2. Experiencia de cliente integral *off* y *on*

Cualquier empresa que se dedique a la venta o que tenga relación con el cliente no debe perder de vista que tiene que colocar al cliente en el centro de la estrategia o acción que lleve a cabo, independientemente del canal por el que lo haga.

Ahora mismo, son pocas las marcas o empresas que disponen exclusivamente de un punto de venta físico sin tener una tienda *online,* sin tener presencia en las redes sociales o mediante el desarrollo de sus aplicaciones para los dispositivos móviles.

Las empresas y marcas deben integrar y trabajar los canales *online* y *offline* para llegar a los clientes que están en cada uno de los canales, de forma que ambos se integren incorporando lo mejor del canal *on* en el *off* y viceversa. Así, su marca quedará posicionada en la mente del consumidor o usuario.

Pensemos por un momento en la manera en la que nosotros mismos nos comportamos como consumidores. Queremos las ventajas que nos ofrece la compra en internet, pero con la atención que nos brinda una tienda física. Esta característica es la que se ha definido como omnicanalidad, es decir, las empresas deben gestionar al cliente teniendo en cuenta distintos canales de forma que el cliente obtenga la misma experiencia independientemente del canal que utilice.

Esta omnicanalidad obliga a que las empresas tengan en cuenta los intereses y comportamientos de los clientes, puesto que influyen directamente en los contenidos que genera, la manera de trabajarlos y, sobre todo, los canales en los que se publican.

 **DEFINICIÓN**

Omnicanalidad
Conjunto de estrategias en las que se utilizan la totalidad de los canales, tanto físicos como *online,* para transmitir un mensaje.

El uso de la **omnicanalidad** en una empresa le reporta los siguientes **beneficios:**

- **Consistencia de la información.** La información al cliente debe ser la misma en todos los canales en los que la marca o empresa tenga presencia para que un consumidor pueda cambiar de canal sin tener que empezar siempre desde cero, lo que le obliga a introducir la información que ya ha introducido en otros canales.

  En este modelo de información se debe trabajar con aplicaciones y sistemas que permitan una interoperabilidad muy alta y estén integrados totalmente entre ellos.

- **Unificación de la estética.** La estética y la usabilidad de los canales deben ser acorde con la imagen de la marca o empresa, de manera que las *interfaces* implantadas sean sencillas de utilizar.

  No debes olvidar que para que el cliente prefiera usar los canales digitales de comunicación con la empresa, debe sentirse seguro de que está interactuando con la empresa independientemente del canal que haya elegido.

- **Proactividad con los clientes.** Para que la empresa o marca sea proactiva con sus clientes tiene que implantar herramientas de análisis del comportamiento de los clientes, de forma que le permitan crear perfiles que le ayuden a entender el comportamiento del usuario, para establecer una serie de acciones que sean las más adecuadas a cada uno de ellos.

- **Servicio posventa.** Este servicio de atención al cliente debe proporcionar una respuesta casi inmediata al usuario, de forma que es fundamental que todos los canales que contengan información sobre él trabajen de forma conjunta para poder darle la información más adecuada. En el caso de que se utilicen diferentes canales de atención al cliente, estos deben comportarse de la misma manera, los horarios tienen que ser los mismos y las soluciones que aportan tienen que ser iguales.

 PARA SABER MÁS

Rafa Cera, en la publicación del blog de PuroMarketing analiza las diferencias existentes entre el cliente y el usuario digital, que, aunque pueden parecer iguales, tienen sus diferencias. Accede a la publicación desde aquí:

https://redirectoronline.com/comm060305

Implantar una estrategia omnicanal no es una tarea fácil, pero, aunque inicialmente requiere un gran esfuerzo para implementarla, después facilita el trabajo, pues mejora la relación entre empresa y consumidores y también nos permite obtener datos en tiempo real.

Entre los **beneficios** que obtendremos al implantar una estrategia omnicanal, encontramos:

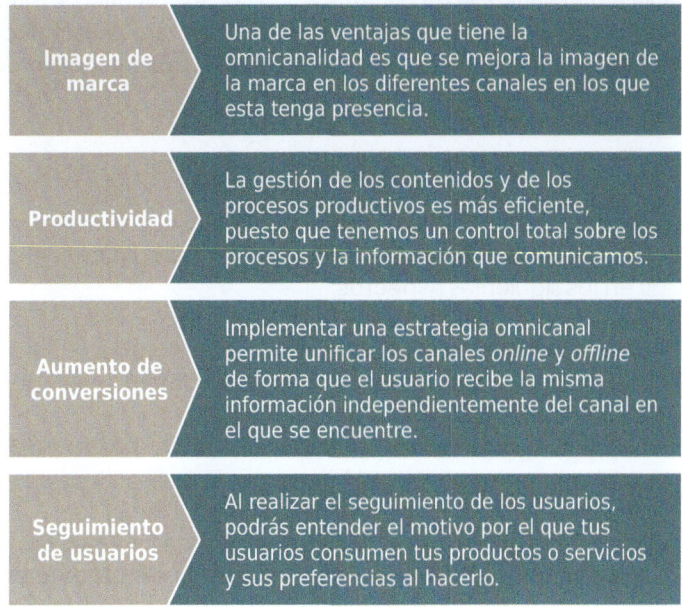

Imagen de marca | Una de las ventajas que tiene la omnicanalidad es que se mejora la imagen de la marca en los diferentes canales en los que esta tenga presencia.

Productividad | La gestión de los contenidos y de los procesos productivos es más eficiente, puesto que tenemos un control total sobre los procesos y la información que comunicamos.

Aumento de conversiones | Implementar una estrategia omnicanal permite unificar los canales *online* y *offline* de forma que el usuario recibe la misma información independientemente del canal en el que se encuentre.

Seguimiento de usuarios | Al realizar el seguimiento de los usuarios, podrás entender el motivo por el que tus usuarios consumen tus productos o servicios y sus preferencias al hacerlo.

Para llevar a cabo una estrategia omnicanal se recomienda que tengas en cuenta las siguientes **indicaciones:**

1. **Planifica los objetivos.** Toda acción tiene que planificarse si queremos medir su alcance o sus resultados.
   Los objetivos deben ser cuantificables, es decir, tienen que incorporar una dimensión medible para poder evaluar el grado de consecución de las acciones planificadas para cada uno de los canales, lo que nos permitirá conocer si se han conseguido o no.
2. **Analiza los canales.** Debemos llevar un estudio previo para determinar los canales más adecuados para que nuestros clientes, consumidores o usuarios interactúen con la marca.
3. **Identifica público objetivo.** Tenemos que conocer el comportamiento de nuestros usuarios y localizar los puntos de contacto que les impulsa a seguir por las diferentes etapas que hemos planteado en el embudo.

4. **Implica a otros departamentos.** Para que funcione la omnicanalidad se deben involucrar en la misma a todos los departamentos de la empresa. No debemos perder de vista que las empresas sin clientes o consumidores no existen.

   Todos los agentes que intervienen en la omnicanalidad deben tener poder de decisión para resolver las dudas o problemas del usuario si lo que se quiere es fidelizarlo.

5. **Unifica la comunicación.** Hay que integrar la omnicanalidad en la operativa empresarial y en la comunicación con los clientes de forma sencilla. Recuerda que la omnicanalidad se basa en que la comunicación es la misma independientemente del canal en el que se encuentre el cliente.

Beneficios que obtiene la empresa

La implantación de un sistema omnicanal en el que se integren a los clientes *online* y *offline* no servirá de nada si esta no se cuida. Por ello, habrá que incidir en los siguientes **aspectos:**

- ⮌ **Cuida el tiempo de respuesta.** No podemos tardar mucho en responder al usuario o consumidor por cualquiera de los canales que tengamos para comunicarnos con él.

  Los clientes son muy impacientes cuando se trata de recibir una respuesta a una duda o un problema, por lo que prolongar el tiempo de respuesta puede afectar negativamente a tu marca.

- ⮌ **Ten coherencia en todos los canales.** Toda la información que la marca o empresa transmita a sus clientes debe ser la misma, de forma que estos encuentren la misma información en el canal en el que mayor presencia tengan.

  Cuando nos referimos a que la información debe ser la misma, no estamos diciendo que el tipo de contenido sea igual; este debe adecuarse a las características de cada canal.

- ⮌ **Incluye apartado de preguntas frecuentes.** Puedes ahorrarle tiempo al consumidor añadiendo una lista de preguntas frecuentes en la que le ofrezcas respuestas a las dudas más habituales que te realizan los consumidores.

  Este sistema te permite reducir las llamadas o consultas que tienen que ser resueltas por el personal de tu empresa.

- ⮌ **Analiza la información.** Toda la información que recoja el comportamiento del usuario y del proceso de compra que lleva a cabo debe analizarse y ordenarse correctamente para poder segmentar a los usuarios, desarrollar campañas de *marketing,* generar promociones, etc.

➲ **Vigila todos los canales.** Aunque la empresa tenga presencia mayoritariamente en los canales digitales, también debemos controlar lo que se habla en los canales tradicionales.
Quizá los canales digitales no sean una opción para un grupo de usuarios que prefieren tener una atención directa en un establecimiento físico.

Seguramente estés pensando que si la implantación de la omnicanalidad supone un esfuerzo inicial, los beneficios que obtiene la empresa deben ser mayores para que merezca la pena llevarla a cabo.

Entre los **beneficios que obtiene una empresa** que implementa la omnicanalidad, destacan:

Mejora la comunicación
- La comunicación dentro de la estrategia omnicanal es bidireccional entre las marcas y los consumidores, por lo que el cliente se ubica en el centro de la comunicación.

Aumenta el compromiso con la marca
- Si los clientes ven solucionados sus problemas de una forma más ágil, es más probable que sigan confiando en la marca.
- Además, el aumento de distintas formas de comunicación entre empresa y cliente permite un mayor conocimiento de los productos y contenidos que le interesan.

Aumenta el número de clientes
- Una ventaja competitiva empresarialmente es tener la mayor cantidad de canales disponibles para que los usuarios contacten con las marcas o empresas.

Mejora la eficiencia
- Al manejar la misma información en todos los canales, se reduce el tiempo de atención al cliente, lo que aumenta la fidelización de los clientes hacia la empresa.
- Actualmente la inmediatez se ha convertido en un elemento muy demandado por los clientes y usuarios.

Unifica el mensaje
- Se unifica el mensaje que la empresa quiere transmitir, por lo que, independientemente del canal por el que se alcance al usuario, este siempre será el mismo, lo que aumenta la confianza y la fidelización del usuario.

Ejemplos

Algunos **ejemplos de empresas** que gestionan correctamente la omnicanalidad de sus acciones son:

- **Camper.** Debido al aumento de las sucursales y las compras *online,* Camper tenía un problema para gestionar el *stock* de los productos en el mercado europeo.
Gracias a la implantación del sistema omnicanal, pudo diseñar un sistema de transporte que facilita el intercambio de productos entre almacenes y tiendas, de forma que se han reducido las roturas de *stock* considerablemente.
- **Circles.Life.** Esta empresa de telecomunicaciones ubicada en Singapur implementó un sistema de atención al cliente de forma que podía contactar con la empresa desde diferentes soportes de acuerdo con la urgencia de la incidencia que tuviese el cliente.
- **Disney.** Ofrece a los usuarios la posibilidad de gestionar sus contenidos y servicios desde la mayor parte de dispositivos de forma eficaz.
Sus contenidos pueden ser consumidos desde distintos dispositivos, sus productos pueden comprarse desde todas sus aplicaciones, es posible valorar la experiencia en sus parques temáticos o la atención recibida en el caso de que haya sido necesario contactar con la atención al cliente, e incluso ofrece la posibilidad de contratar un viaje a través de su propia agencia de viajes.
- **Oasis.** La tienda de ropa Oasis brinda una experiencia única en sus canales físicos y *online* a través de su página web y su aplicación, de manera que podemos iniciar la compra en cualquier canal y finalizarla en el otro sin ningún problema.
De hecho, las ventas que se realizan en los establecimientos físicos se integran en la misma base de datos que las que se hacen en el canal *online;* así, el inventario siempre está actualizado.
- **Privalia.** Aprovecha la omnicanalidad en la preparación de pedidos, puesto que, debido a la gran cantidad de envíos que debe gestionar, es fundamental que las personas que trabajan en la marca sincronicen su trabajo para no duplicar pedidos y gestionar correctamente los envíos.
- **Starbucks.** Esta empresa se centra en su sistema de puntos, de forma que los clientes de la marca generan puntos independientemente del canal que utilicen para conectarse con la marca. Una curiosidad de esta estrategia es que no realizan distinciones entre los clientes que compran en los establecimientos físicos o a través de la web, porque los beneficios son los mismos.
- **UNIQLO.** Es una marca de ropa japonesa que ha incorporado a su aplicación la realidad aumentada. De este modo, los clientes, desde la comodidad de su casa, pueden sentirse como si se encontrasen en el punto de venta físico.

⊃ **Walmart.** Esta empresa integra los canales físicos y digitales de forma que se puede realizar una compra a través de un canal digital y recogerla en un establecimiento físico.

PARA SABER MÁS

En el blog de la empresa HubSpot, Melissa Hammond ha publicado una entrada en la que te muestra 15 ejemplos de empresas que utilizan correctamente la omnicanalidad en sus estrategias de *marketing*. Puedes acceder a la misma desde aquí:

https://redirectoronline.com/comm060306

Errores más comunes

Toda acción de *marketing* tiene las mismas posibilidades de fracasar que de triunfar, la diferencia habitualmente se encuentra en el cuidado que pongamos al crearla. Esto mismo sucede con las estrategias omnicanal, por lo que a continuación describiremos algunos **errores** que se suelen cometer y que provocan que la estrategia fracase:

1. **No se enfoca al cliente.** El error más habitual es enfocarse en la empresa, las métricas y los KPI dejando a un lado al cliente.
   Es importante pensar en el camino del cliente para tratar de conseguir que sea amigable e intuitivo para que el contacto del cliente con la marca sea mejor.
2. **Inconsistencia de los canales.** Las empresas incorporan canales según van apareciendo, por lo que es muy fácil que se produzcan discordancias entre los contenidos que se emiten por los distintos canales.
3. **No cuida todos los canales.** Hay que tratar de cuidar todos los canales en los que la empresa tiene presencia para evitar que la atención a los usuarios difiera; en caso contrario, ya no estaríamos hablando de omnicanalidad, sino de multicanalidad.
   Nos podemos ayudar de herramientas tecnológicas que brindan las mismas soluciones de atención al usuario, independientemente de la herramienta por la que nos contacte el usuario o consumidor.
4. **Especialización de los trabajadores en un canal.** Hay empresas que diversifican al personal para que atienda un canal específico, lo que puede provocar que la respuesta cambie dependiendo del canal y del agente que esté encargado del mismo.
   Hay que tratar de garantizar que las respuestas son las mismas al margen del canal elegido, por lo que si se realiza la atención a través de personal, este tiene que estar capacitado para dar respuesta en cualquiera de los canales en los que la empresa tenga presencia.
5. **Desecho de las nuevas tecnologías.** La incorporación de las nuevas tecnologías, además de mejorar en gran medida la experiencia del usuario, también reduce el tiempo que las empresas deben dedicar a responder las dudas de los consumidores, aparte de disminuir el tiempo de respuesta de estas.

 ACTIVIDAD COMPLEMENTARIA

6. Investiga acerca de las diferencias que existen entre la omnicanalidad y la multicanalidad y finalmente elabora una definición de ambas.

2.3. Análisis del ciclo de vida del cliente-*customer journey*

Todas las acciones que llevan a cabo las empresas se enfocan en atraer al cliente o consumidor hacia su marca, de manera que los clientes pasen de clientes satisfechos a clientes recurrentes, tratando de convertirlos en prescriptores o fans de la marca.

El problema principal es que, para conseguir alcanzar ese grado de compromiso de nuestros clientes, tenemos que conocerlos a ellos, además del comportamiento que tienen, para darles la solución más adecuada a sus necesidades en el momento en el que se produzcan, para lo cual debemos estar preparados para conseguirlo.

Mediante el ciclo de vida del cliente *(customer journey),* las empresas tratan de llevar a cabo un análisis del comportamiento de los clientes y de los sentimientos que nuestros productos o servicios les provocan.

Un **customer journey** se compone de seis **elementos** que, al unirse, nos muestran una valiosa información sobre el comportamiento del cliente:

- **Expectativas.** Los clientes cuando realizan una búsqueda tienen creadas unas expectativas acerca de lo que están buscando, lo que provoca un rechazo en aquellos productos que no cumplen estas expectativas.
- **Proceso de compra.** En todo proceso de compra hay que conocer la forma en la que los usuarios pasan de la fase del reconocimiento al interés para terminar en la compra.
  Es importante establecer y conocer el embudo de ventas para descubrir aquellas fases que provocan que el usuario no continúe hasta la siguiente, y alcance el último paso del embudo de ventas.
- **Acciones del cliente.** Se centran en las acciones que se pretende que realice el usuario, como pueden ser la lectura de un artículo, solicitar una demostración, rellenar un formulario, etc.
- **Puntos de contacto con el cliente.** Los puntos de contacto se centran en las situaciones que planifica la empresa para interactuar con los clientes en cualquiera de los canales en los que tiene presencia y con los que trata de llegar a los usuarios.
- **Emociones.** Por cada acción que lleve a cabo el usuario, esta tiene una emoción vinculada. Así, si somos capaces de conocer el motivo por el que el cliente se comporta de este modo, podremos incorporar estas emociones a nuestros productos, lo que aumentará las ventas.
- **Desafíos.** Son los retos a los que se enfrenta el producto o la empresa para que el cliente compre su producto, puesto que necesita cubrir la necesidad que acaba de descubrir que tiene.

Aunque puede suceder que los elementos mostrados anteriormente no se realicen en el orden indicado, debemos saber que hay que tenerlos todos en cuenta. No se puede perder de vista, por ejemplo, que mientras las expectativas y desafíos únicamente se producen en el proceso de compra, las emociones, por el contrario, intervienen en todos los pasos del proceso.

Para crear un mapa del ciclo de vida del cliente, tenemos que analizar los pasos que sigue este para realizar la compra. El orden de estos **pasos,** es el siguiente.

Paso 1. Establece los objetivos del mapa

Lo primero que debemos definir son los objetivos que queremos conseguir.

Si nos referimos a un mapa de recorrido del cliente, podemos incluir:

- Averiguar el motivo por el que los clientes abandonan sus carritos de compra.
- Entender el motivo por el que un cliente se decide a efectuar una compra.
- Identificar otras partes en las que se puede influir en el proceso de venta para mejorar la experiencia del usuario.

El establecimiento de objetivos debe ser una tarea en la que participen los distintos departamentos de la marca que tengan relación con el cliente.

Paso 2. Define el perfil del comprador cliente ideal

Debemos describir cómo creemos que es nuestro comprador ideal para tratar de conocer lo que le gusta y lo que no, así como los motivos por los que compra, para tratar de empatizar con él.

Si tenemos diferentes tipos de compradores, debemos realizar un mapa de recorrido diferente para cada uno de ellos.

- **Mercado objetivo:** mujeres.
- **Público objetivo:** madres.
- **Perfil del comprador:** Eva Díaz, treinta y cinco años, casada, con un hijo y una hija.

Paso 3. Qué acciones y cómo las lleva a cabo

Se deben analizar los puntos de contacto que se producen entre empresa y cliente antes de que encuentre nuestro sitio, o, una vez que lo ha encontrado, para que nos sirva de apoyo de cara a las interacciones que se produzcan.

Puedes tener en cuenta a clientes similares, lo que te ayudará a crear el mapa de experiencia del cliente.

⊃ **Puntos de contacto con el cliente cuando no está en tu web:**

- Publicidad del pago.
- Publicaciones en redes sociales.
- Boletines por *e-mail*.

⊃ **Acciones del cliente fuera de tu sitio web:**

- Búsqueda de tu sitio web en un buscador.
- Llegar a tu sitio web desde un anuncio.
- Clicar en el enlace a tu sitio web desde una red social.
- Llegar a tu sitio web desde un correo electrónico.
- Abrir un *e-mail* que le has enviado, pero no llevar a cabo ninguna acción.
- Indicar que le gusta una publicación en una red social, pero no acceder a tu sitio web.

⊃ **Puntos de contacto con el cliente en tu sitio web:**

- Blog
- Páginas de destino de tu sitio.
- *Chatbot*

⊃ **Acciones del cliente en tu sitio web:**

- Incorporar artículos al carrito.
- Permanecer en una página durante un tiempo establecido.
- Clicar en un anuncio que aparece en la página web.
- Salir de tu sitio web.
- Abandonar su carrito.
- Completar una compra.

Paso 4. Fases por las que pasa el cliente

Una vez que tenemos una línea de tiempo que recoge cómo ha pasado el cliente de conocernos a la acción final, tenemos que dividir esta línea en fases para crear nuestro embudo de ventas.

Para ello tenemos tres fases:

1. **Reconocimiento:**

   ひ Conocimiento

      ⇕ El cliente descubre que tiene un problema que tiene que solucionar y determina que nuestro producto o servicio puede ser la solución que necesita.

   ひ Consideración

      ⇕ El cliente valora si debe adquirir nuestro producto o servicio.

   ひ Comparación

      ⇕ El cliente compara nuestro producto con otros similares que se encuentran en el mercado.

2. **Consideración:**

   ひ Decisión

      ⇕ El cliente decide que nuestro producto es el mejor.

3. **Conversión:**

   ひ Compra

      ⇕ El cliente adquiere nuestro producto o servicio.

Paso 5. Evalúa la estrategia

Este mapa nos mostrará los puntos en los que el cliente ha dudado acerca de la idoneidad de nuestros productos o directamente los ha desechado como solución a su necesidad.

Para evaluar la estrategia puedes tratar de dar respuestas a las siguientes preguntas:

- ¿Cuánto tiempo permanecen los usuarios en el sitio web?
- ¿Se quedan en la página de inicio o profundizan en el sitio? Si no pasan de la página de inicio, ¿por qué no lo hacen?
- ¿Qué debilidades encuentran en la página de inicio para no avanzar?
- ¿Cómo mejorar la página de inicio para atraer a los clientes?

De las etapas anteriores, hay que pararse especialmente en la que recoge los pasos por los que pasa un usuario. Esta etapa se conoce en el sector del *marketing* como **embudos** o ***funnels,*** y se trata de reclamar la atención del usuario para provocar que realice la acción prevista y regrese cuando tenga una necesidad que cubra la marca o empresa.

Etapas

Estos embudos o *funnels,* que trataremos más ampliamente en el apartado 2, establecen cinco **etapas** por las que pasa un usuario desde que descubre la marca hasta que se convierte en un cliente fiel o prescriptor de la misma. Estas **etapas** son:

- **Etapa 1: Conocimiento.** Esta etapa también se conoce como *aware-ness,* y es el primer contacto que el cliente tiene con la marca.
  Este primer paso es el más difícil para las empresas, puesto que deben hacerse presentes en la mente de los usuarios en el caso de que no las conozcan, por lo que dentro de esta etapa se utilizan estrategias publici-tarias, campañas de *e-mail marketing,* publicidad tradicional o, en algu-nos casos, la prueba gratuita del producto.
- **Etapa 2: Adquisición.** En esta etapa el cliente ya nos conoce y considera que nuestro producto o servicio es un candidato para solucionar su pro-blema, por lo que buscará más información sobre él.
  Es importante tener una imagen armonizada en todos los canales en los que la empresa tenga presencia para ayudar a que nos identifiquen y no se desvíen hacia empresas de la competencia.
- **Etapa 3: Conversión.** En esta etapa el cliente adquiere nuestros produc-tos o servicios.
  Las empresas que únicamente están enfocadas en aumentar las ventas consideran esta etapa como la última, aunque hay que reconocer que es un error, pues hay que tratar de fidelizar al cliente, para lo que pode-mos apoyarnos en el comportamiento que ha tenido el usuario antes de realizar la compra.
- **Etapa 4: Crecimiento.** Una vez que el cliente ha realizado la compra, hay que cuidar su satisfacción para lo cual debemos trabajar el servicio

posventa y la atención al cliente en el caso de que el producto no cumpla las expectativas del cliente.

Es momento de conocer si tienen otras necesidades que podamos resolver mediante las ventas cruzadas o adicionales al producto o servicio que ha adquirido y que sean acordes a sus necesidades.

En esta fase es fundamental la segmentación para ofrecer productos y servicios adecuados a las necesidades del cliente.

- **Etapa 5: Retención.** Una vez finalizada la venta, hay que tratar de fidelizar o retener al cliente para que nos siga comprando. Por ello, se utilizan estrategias de retención como envío de ofertas exclusivas, programas de fidelización, etc., para tratar de crear una relación que garantice que, ante una siguiente necesidad, el cliente nos elija a nosotros.
- **Etapa 6: Reactivación.** Esta fase, alternativa a la fase de retención, es aquella en la que tratamos de recuperar a los clientes que un día nos compraron pero que no lo han vuelto a hacer, es decir, los hemos perdido, pero queremos recuperarlos.

Debemos tratar de entender el motivo por el que nos han abandonado para crear estrategias y que vuelvan a convertirse en clientes.

Para analizar el ciclo de vida del cliente, es recomendable seguir el siguiente **proceso:**

1. **Cliente objetivo.** Debemos conocer quién o quiénes son nuestros clientes para tratar de darles una solución personalizada a sus necesidades.

   No es un proceso sencillo y requiere de tiempo, además de tener que descubrir a todos los tipos de clientes objetivos a los que nos queremos dirigir para detallarles el producto o servicio que mejor se adecúa a sus necesidades.
2. **Imagen de la marca.** Debemos cuidar la imagen de la marca para ablandar al público objetivo a través de los sentimientos. De esta manera, nos vincularemos con su estilo de vida y comportamiento, aumentando así el grado de fidelización con él.
3. **Necesidades.** Debemos detectar adecuadamente sus necesidades para establecer una relación *"win to win"*. Si conseguimos satisfacer sus necesidades, estaremos generando una oportunidad de negocio para la marca o empresa, así como una solución para nuestro cliente.

   Detectar las necesidades es la tarea más difícil de llevar a cabo, pero una vez descubiertas tendremos la llave que nos permitirá aumentar las ventas.
4. **Interacción.** Si hemos sido capaces de detectar los sentimientos que ha experimentado el cliente en cada uno de los pasos que ha seguido hasta que ha realizado la compra, podemos evaluar la importancia que le damos a cada uno de ellos para reforzar aquellos que tienen más posibilidad de fracasar y cuidar los que son más exitosos.

De esta manera, en un único golpe de vista, podemos ver el recorrido del cliente y las sensaciones que tiene en cada momento.

5. **Metodología.** Toda la información recogida en los puntos anteriores debemos analizarla teniendo en cuenta el proceso de compra, de forma que aparecerán las fortalezas y debilidades del proceso sobre las que tendremos que trabajar para mejorarlas.

6. **Puntos de dolor.** Cada punto de insatisfacción es un elemento para mejorar y cambiar el ciclo de vida del cliente.

Debemos adaptarnos a las necesidades del cliente para tratar de aumentar su grado de satisfacción.

NOTA

El elemento más relevante para que las empresas lleguen a su público objetivo es el contenido que estas publican en los diferentes canales en los que la empresa tiene presencia.

Actualmente, la importancia del contenido es un elemento que nadie discute, por lo que deben tenerse en cuenta algunos **aspectos,** tales como:

- ➲ **Público objetivo.** Debemos conocer el público al que se dirigen los contenidos para atraer a las personas adecuadas a ellos.

  Para conocer si nuestro público objetivo es el correcto, podemos apoyarnos en las métricas de visitas al sitio web, porcentaje de *clics* en los correos electrónicos, etc.

- ➲ **Contenidos relevantes.** Hay que hacerle llegar a nuestro público objetivo contenidos que sean importantes y relevantes. Esto implica compartirlos en los canales en los que se encuentre el público objetivo.

- ➲ **Atención al cliente.** La atención al cliente es una manera de escuchar a los clientes para conocer lo que se hace bien y lo que no para actuar en consecuencia y mejorar el servicio que reciben.

- ➲ **Recursos.** No solo hay que publicar contenidos relevantes e interesantes, sino que hay que incorporar otra serie de recursos que ayuden a los clientes a resolver sus dudas sin tener que contactar obligatoriamente con el servicio de atención al cliente o pedir ayuda al departamento de soporte.

- ➲ **Opiniones y testimonios.** Actualmente las empresas están apoyándose en los testimonios y valoraciones de las personas para que, mediante sus opiniones, generen un sentimiento de confianza en los nuevos clientes que acaban de conocer a la marca o a sus productos.

Los testimonios tienen la capacidad de inclinar la balanza hacia la compra de los clientes indecisos.

➲ **Medición.** El elemento estrella de medición son las encuestas que permiten a los clientes compartir sus impresiones y valoraciones con la marca. Además, hacen que conozcamos de primera mano las etapas en las que la experiencia del usuario no ha sido tan satisfactoria como esperábamos.

 SABÍAS QUE...

Daniella Terreros tiene una publicación en la página de HubSpot en la que te explica la manera de realizar un análisis de recorrido del cliente. Puedes acceder a la misma desde aquí:

https://redirectoronline.com/comm060307

 EJEMPLO

En la página de Emprende a Conciencia, hay una publicación en la que se analiza el mapa del ciclo de vida de un cliente de Starbucks. Puedes acceder a la misma desde aquí:

Continúa en página siguiente >>

<< Viene de página anterior

https://redirectoronline.com/comm060308

Un *customer journey* nos ayudará a conocer cómo actúan y piensan y qué sienten los usuarios cuando interactúan con nuestra marca o empresa. Además, nos aportan otros **beneficios** como, por ejemplo:

> **Mejora la atención al cliente**
> Mejorar la atención a los consumidores y usuarios te permitirá brindarles un mejor servicio y aumentar la fidelidad hacia tu marca.

> **Elimina los puntos de contacto ineficaces**
> Mediante un mapa del recorrido del cliente se pueden identificar los elementos que no funcionan con tus usuarios, de forma que puedas ajustar ese punto de contacto.

> **Centra la estrategia en personas específicas**
> Al centrar la estrategia en unas personas específicas, podemos definir la estrategia que mejor funcione para ese grupo de usuarios, personalizándola para cada uno de ellos.

> **Explica el comportamiento de los usuarios**
> Entender el comportamiento del usuario nos ayuda, además de a conocer su comportamiento, a saber los motivos por los que se comporta de esa manera.

Ejemplo de un *customer journey map*

A continuación, vamos a mostrar un ejemplo de un mapa de recorrido de un cliente. Para ello nos acompañará Janine, cuyo mayor problema es que no consigue organizarse en su trabajo. Mientras Janine avanza hacia la solución, tendrá diferentes puntos de contacto con la herramienta que elegirá como, por ejemplo, que las personas de su entorno que utilizan herramientas de gestión han conseguido solucionar su problema. Después de decidir que utilizará un programa de gestión de tareas, en su dispositivo móvil, mientras visita las redes sociales recibe un anuncio de una empresa que desarrolla *software* de gestión, lo que provoca que considere comprar esa aplicación. Ahora únicamente nos quedará establecer las emociones por las que ha ido pasando Janine, para lo cual nos apoyaremos en la siguiente tabla:

Ejemplo de mapa de recorrido del cliente			
Cliente	Janine Vadillo.		
Empresa objetivo	*Software* de gestión de tareas.		
Situación inicial	Necesita una solución de gestión de tareas para organizarse y mejorar en su trabajo.		
Expectativas	Que la herramienta sea fácil de utilizar. Que la herramienta no tenga un coste alto. Que pueda implementar la herramienta en su puesto de trabajo.		
	Acciones del cliente	**Emociones**	**Puntos de contacto**
Reconocimiento	Descubre que tiene un problema de organización en su trabajo. Determina que una herramienta de gestión de tareas puede ayudarle a solucionar el problema.	"Necesito solucionar este problema porque pierdo mucho tiempo"	Boca a boca Medios impresos Anuncios en radio y televisión
Consideración	Ve un anuncio en sus redes sociales de un *software* de gestión de tareas.	"Este producto me interesa"	Anuncios en sus dispositivos
Comparación	Compara la aplicación con otras disponibles en el mercado.	"¿Qué herramienta es mejor para mis necesidades?"	Posicionamiento orgánico Blogs, páginas web
Decisión	Lee las reseñas que otros usuarios han publicado. Decide que merece la pena probar el producto.	"¿Qué dicen los usuarios que han utilizado esta herramienta?"	Reseñas y valoraciones de clientes
Compra	Accede a la página web del fabricante y se registra para la prueba gratuita.	"Esta es la que me parece la mejor opción, voy a probarla"	Redes sociales, página web del fabricante

Continúa en página siguiente >>

<< Viene de página anterior

	Acciones del cliente	Emociones	Puntos de contacto
Retención y promoción	Una vez que caduca el periodo gratuito de prueba, decide comprar la aplicación. Recomienda la aplicación a sus compañeros de trabajo.	"La aplicación merece la pena, voy a compartirla con el resto de las personas que trabajan conmigo por si les pudiera interesar"	*E-mail* Boca a boca

 TAREA 4

Susana está pensando en comprar una cafetera automática, puesto que, cuando quiere tomar un café con su cafetera italiana, pierde mucho tiempo, lo que provoca que la mayor parte de los días tenga que salir de casa sin desayunar, motivo por el cual ha entrado en la aplicación de un conocido *marketplace* para analizar si compra una cafetera automática.

¿Te atreves a crear el mapa del recorrido que realizará Susana, desde ahora que está pensando en comprar la cafetera hasta cuando la compre?

2.4. Herramientas de medición digital

Cuando hablamos de herramientas de medición digital, directamente pensamos en *Google Analytics,* pues tan solo tenemos en cuenta la recopilación de datos y la realización de informes, sin pararnos a pensar qué datos son los más adecuados y para qué los vamos a utilizar posteriormente.

Podemos definir la analítica como una disciplina que, mediante la medición, el análisis y los informes, genera conocimiento e influye en las decisiones estratégicas de la empresa. Es decir, la analítica nos ayuda a analizar la actividad que realizamos con el objetivo de que esta se enfoque en los resultados.

La incorporación de la analítica digital en nuestras acciones nos ayudará a:

- **Corregir errores.** Nos ayuda a conocer dónde estamos cometiendo errores y cómo podemos mejorar nuestra estrategia.
- **Conocer mejor al público objetivo.** Nos ofrece información acerca de nuestro público objetivo relacionado con sus gustos, procedencia, idiomas, etc.
- **Segmentar la publicidad y las campañas.** Nos ayuda a segmentar los clientes de forma que se descartan las personas que no están interesadas en nuestro producto.
- **Mejorar las conversiones.** Nos ayuda a conocer los productos o contenidos que más relevancia tienen para nuestros clientes o usuarios.
- **Adaptar los productos al mercado.** También nos ayuda a conocer aquellos productos o contenidos que no son relevantes para nuestros usuarios.

 **RECUERDA**

La analítica sin objetivos queda reducida a informes.

Para comenzar a medir las acciones que llevamos a cabo, es recomendable que establezcamos una hoja de ruta en la que queden recogidos los pasos que tenemos que seguir para conseguir que el análisis nos facilite la información más relevante. Para ello, tenemos que definir correctamente los indicadores clave de rendimiento o KPI, que son los puntos que vamos a medir para comprobar que los objetivos se cumplen y que ampliaremos en el último apartado del manual.

Un **KPI** se **caracteriza** porque:

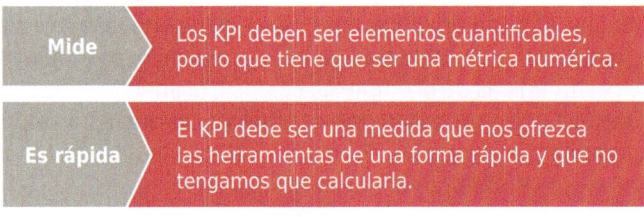

| Mide | Los KPI deben ser elementos cuantificables, por lo que tiene que ser una métrica numérica. |
| Es rápida | El KPI debe ser una medida que nos ofrezca las herramientas de una forma rápida y que no tengamos que calcularla. |

Continúa en página siguiente >>

<< *Viene de página anterior*

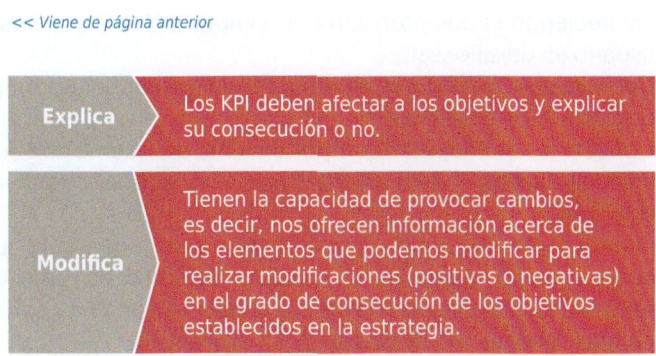

Explica	Los KPI deben afectar a los objetivos y explicar su consecución o no.
Modifica	Tienen la capacidad de provocar cambios, es decir, nos ofrecen información acerca de los elementos que podemos modificar para realizar modificaciones (positivas o negativas) en el grado de consecución de los objetivos establecidos en la estrategia.

Para medir los resultados debemos seguir el siguiente **proceso:**

1. **Establecimiento de los objetivos.** Es importante que la analítica se relacione con los objetivos establecidos para el negocio.
2. El primer paso debe ser definir los objetivos que se pretenden conseguir y las métricas que vamos a utilizar para evaluar si los conseguimos o no.
3. **Recopilación de los datos.** Hay que recopilar la información que necesitemos sin caer en la tentación de recopilar todos los datos, puestos que seguro que hay algunos que no son relevantes para nuestro análisis. Para este apartado podemos apoyarnos en diferentes herramientas disponibles, tanto gratuitas como de pago.
4. **Filtrado de datos.** Para asegurar que los datos recopilados son correctos podemos apoyarnos en los embudos, de forma que sepamos si los datos recopilados son relevantes.
5. **Contextualización de los datos.** Hay que poner los datos en contexto, para que se vinculen con los objetivos y que expliquen el motivo por el que se han conseguido o no.
6. **Análisis de los datos y extracción de conclusiones:** El último paso corresponde al análisis de los datos que nos dará una información relevante sobre la marca o empresa.

Entre las **herramientas** que podemos utilizar para **analizar el comportamiento** de nuestras estrategias digitales, tenemos:

- ⮞ *ChartBeat.* Enfocada en mejorar el compromiso con la marca *(engagement).*
  Puede ayudarte a aumentar el tiempo de interacción de los usuarios con tu marca.
- ⮞ *ClickHEAT.* Aunque los mapas de calor no se consideran herramientas analíticas, también ayudan a comprender el comportamiento del usuario en una página, que pueden integrarse con herramientas analíticas

favoreciendo la comprensión del comportamiento y la experiencia del usuario en un sitio web.

⊃ **Contentsquare.** Esta herramienta ayuda a entender el comportamiento del usuario en el sitio web.

Conecta las métricas del comportamiento del cliente con la inteligencia artificial y los datos enriquecidos para ofrecer opciones de mejora en el sitio web.

Incorpora mapas de calor por zonas en el sitio, de forma que se puede conocer cómo interaccionan los visitantes con cada zona. Además, analiza los desplazamientos de los usuarios por la página permitiendo comparar el rendimiento de dos páginas diferentes.

⊃ **Google Ads.** Esta herramienta es fundamental si llevamos a cabo una campaña publicitaria.

Nos ofrece consejos y recomendaciones para optimizar nuestras campañas.

⊃ **Google Analytics.** Herramienta analítica por excelencia de *Google* que nos ofrece información sobre el tráfico, la audiencia, el comportamiento y las conversiones que se producen en nuestro sitio web.

⊃ **Google Marketing Platform.** Herramienta de *Google* destinada a las pequeñas empresas en la que se ofrece un soporte especializado en las necesidades básicas de *marketing* para que despeguen y destaquen del resto.

⊃ **Hootsuite.** Si nuestra estrategia se centra en las redes sociales, *Hootsuite* ofrece la información que nos permitirá valorar los resultados que estamos obteniendo.

Tiene un periodo de prueba gratuito y, pasado ese tiempo, se debe adquirir una licencia.

⊃ **LinkTrack.** Esta plataforma nos permite obtener información en tiempo real sobre un enlace o una web.

Nos permite conocer cómo se están comportando nuestros enlaces fuera de nuestra web.

⊃ **Matomo.** Herramienta de código abierto cuyos datos se almacenan en sus servidores propios, lo que garantiza que el usuario pueda acceder a la totalidad de los datos recopilados por la aplicación acerca del comportamiento y acciones que realizan en el sitio o página web los usuarios y visitantes.

Permite personalizar la herramienta acorde a las necesidades de los usuarios y se pueden importar los datos recogidos por *Google Analytics* sin necesidad de perder el histórico de la información tomada por esta herramienta.

La interfaz es muy intuitiva y sencilla, pensada para la navegación del usuario, y tiene una velocidad de carga y consulta de los datos que ayudará al usuario en la tarea de obtener informes más rápidamente.

- **SEMrush.** Esta herramienta se centra sobre todo en el posicionamiento web, pero incorpora otras opciones que te permitirá conocer las acciones que lleva a cabo la competencia.
  Cuenta con una versión gratuita y otra de pago.
- **SE Ranking.** Herramienta enfocada a las empresas que se relacionan directamente con otras empresas.
  Incorpora opciones de análisis de posicionamiento (SEO), redes sociales y empresas B2B.
- **WebTrends.** Herramienta interesante que permite analizar aplicaciones web, Microsoft 365 y la interacción de los usuarios en un sitio web.
  Las funciones que incorpora son similares al resto de herramientas analíticas, pero con la ventaja de que los datos se alojan en sus servidores y no se comparten a no ser que el propio usuario lo autorice.
- **Woopra.** *Woopra* incorpora la posibilidad de hacer seguimiento, optimizar y analizar cada punto de contacto con los usuarios, así como automatizar algunos procesos e integrarla en diferentes plataformas.

 ## PARA SABER MÁS

Puedes consultar una recopilación de 21 herramientas de analítica web, hechas por Raquel Alberdi, que te pueden ayudar a tomar decisiones en tu estrategia. Puedes acceder a la publicación desde aquí:

https://redirectoronline.com/comm060322

 ## APLICACIÓN PRÁCTICA

David está analizando los datos que le ofrece su herramienta analítica para lo cual está realizando operaciones matemáticas y así conocer si

Continúa en página siguiente >>

<< Viene de página anterior

los datos se ajustan a sus objetivos. Cuando ha llegado, Lorena se ha extrañado de lo que estaba haciendo David y le ha preguntado acerca de ello. Este le ha explicado que estaba calculando los indicadores clave de rendimiento, pero, por la cara que le ha puesto Lorena, sospecha que no estaba haciendo lo correcto.

¿Puedes indicarle a David, de entre las características que debe tener un indicador clave de rendimiento, cuál de las siguientes es incorrecta?

- **Que afecte a tus objetivos.**
- **Que explique los objetivos.**
- **Que haya que calcularlo.**
- **Una métrica numérica.**

Solución

Los indicadores clave de rendimiento deben ser ofrecidos por las herramientas analíticas directamente sin necesidad de calcularlos.

----

3. Desarrollo de un plan de *marketing*

☞ HILO CONDUCTOR

Ha llegado el momento de que Sol Naranja ponga sobre el papel todo lo analizado hasta ahora y cree una estrategia que plasmará en un plan de *marketing* y unas acciones que implemente. De todo ello, hará un seguimiento para comprobar que se obtiene lo deseado.

El **plan de *marketing*** es la primera piedra que poner cuando buscamos que nuestra empresa tenga éxito. Contar con una hoja de ruta donde planifiquemos las estrategias y acciones a seguir para conseguir lo que se desea evitará que demos pasos inútiles, sin rumbo.

Es un documento escrito en el que se recogen estrategias, estudios, objetivos, públicos, acciones, entre otros puntos, y que resulta imprescindible para dar forma a esa hoja de ruta que nos hemos planteado como válida y conseguir llegar a nuestra meta.

Las **premisas** que, como mínimo, debe contar un plan de *marketing* son:

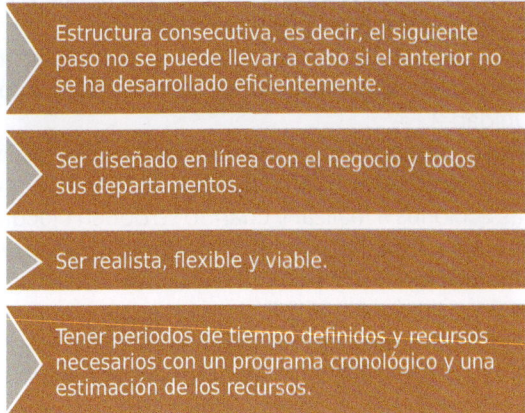

> Estructura consecutiva, es decir, el siguiente paso no se puede llevar a cabo si el anterior no se ha desarrollado eficientemente.

> Ser diseñado en línea con el negocio y todos sus departamentos.

> Ser realista, flexible y viable.

> Tener periodos de tiempo definidos y recursos necesarios con un programa cronológico y una estimación de los recursos.

IMPORTANTE

Toda empresa, al margen de su dimensión o el sector en el que se encuentre, necesita diseñar un plan de *marketing.*

Un plan de *marketing* involucrará en la decisión de estrategias y la toma de esas decisiones no solo al departamento de *marketing,* sino también al resto de los departamentos, para trabajar en conjunto y alcanzar el éxito. Su elaboración, por tanto, debe hacerse con la colaboración de las distintas áreas de la empresa.

Hemos hablado de que un plan de *marketing* cuenta con una estructura de etapas consecutivas: no se puede trabajar una si la anterior no está terminada. Sabiendo que cada plan es personal y que atiende a las necesidades de la empresa, podemos generalizar y destacar las siguientes fases con las que todo plan debe contar:

1. **Análisis de situación.** Antes de tomar decisiones sobre las acciones que llevar a cabo, la empresa debe conocer dónde se mueve y conocerse a sí misma. Lo vimos en la Unidad 1 a través de un DAFO, y conociendo

las 4 P propias: productos, precios, distribución y comunicación. Pero además, hay que conocer a nuestra competencia y al público que nos queremos dirigir, sin olvidar de la situación económica, social, demográfica... del entorno.

2. **Objetivos.** Una vez nos conocemos a nosotros y el entorno, es momento de marcar los objetivos a conseguir a corto, medio y largo plazo. De ellos ampliaremos información más adelante.

3. **Público.** Definiremos nuestro público objetivo: a quién venderemos, cómo son, qué les mueve. Sobre este tema ya hablamos extensamente en la Unidad 2.

4. **Acciones.** Una vez hemos analizado nuestro entorno, marcado los objetivos y conocemos el público al que nos dirigiremos, es el momento de señalar las acciones a realizar y cuándo se deben ejecutar para lograr esos objetivos marcados. Ampliaremos información al respecto más adelante.

5. **Implementación.** Es el término usado en *marketing* para referirse a la ejecución de las acciones definidas en el plazo señalado.

6. **Evaluación y control.** Los planes de *marketing* deben ser flexibles y con posibilidad de ser modificados durante su implementación. El motivo es que, cuando se ejecuta constantemente, se debe hacer análisis de que todo vaya correctamente, que las acciones definidas estén cumpliendo los objetivos señalados: si esto no es así, se deben cambiar y reorientarlas. Esto se logra a la evaluación y control que todo plan *marketing* debe tener.

3.1. Análisis y toma de decisiones en caso real

Todo plan de *marketing* comienza con un análisis de la propia empresa y de su entorno, lo que llamamos análisis interno y externo. En la unidad 1 ya nos adentramos en la necesidad de esta primera etapa para lograr la planificación estratégica.

El análisis externo responderá a la pregunta: ¿cómo es el mundo en el que operamos? Se centrará en los valores externos de la empresa que pueden ser relevantes para el diseño de las estrategias y son las variables no controlables por la empresa. En este análisis externo se estudiará:

➲ **Marco legal.** Esta variable del macroentorno puede afectar directa o indirectamente a una empresa. Por ejemplo, cuando se prohibió fumar dentro de los bares, la medida afectó directamente a estos locales. En el comienzo de esta ley, se obligaba a los establecimientos que deseaban tener público fumador a adaptar sus espacios, con áreas de fumadores y no fumadores, para que al final se prohibiera fumar en cualquier espacio cerrado. Ahora se está hablando de prohibir fumar incluso en las terrazas al aire libre. Es un ejemplo de cómo las leyes pueden afectar a las empresas. Otras leyes como las de etiquetado y envasado pueden condicionar la fabricación de productos; leyes sobre patentes y marcas, o derechos de autor, derechos de los consumidores, entre muchas de las leyes que afectan a las empresas.

- **Coyuntura económica.** La situación económica que se vive tiene una clara repercusión en los planes de la empresa. No solo la situación donde el público objetivo vive, sino en aquellas zonas donde la empresa se mueve, por ejemplo, en busca de proveedores.

- **Otros factores del macroentorno.** Factores tecnológicos, social-demográficos y culturales del entorno de toda empresa.

- **Competencia.** La empresa debe conocer a su competencia casi tanto como a su propia empresa. Qué tipo de competidores son, así como sus fortalezas y debilidades. Hay que recabar información sobre las características de sus productos o servicios, sus precios, su calidad, la eficacia de su distribución, su cuota de mercado o sus políticas comerciales, entre otros aspectos.

  Actualmente hay que tener en cuenta la globalización de la economía y el comercio electrónico, por lo que la competencia quizá ya no sea la empresa que está en la misma localidad que la mía, sino la que vende desde Alemania. En definitiva, hay que estudiar la competencia y, por supuesto, el mercado.

- **Público.** No sirve querer vender a cualquiera. Siempre hay un público que acepta un producto mejor que otro. Por ejemplo, un coche; si todo el mundo es el público objetivo de un automóvil, entonces ¿por qué las marcas se molestan en hacer coches de ciudad, familiares, todo terrenos, de lujo...? Recomendamos repasar la Unidad 2, donde ya se estudió la segmentación de público.

El análisis interno responderá a la pregunta: ¿dónde está la empresa dentro del mercado y cómo son sus variables? Es la definición de recursos y capacidades de la propia empresa. Su objetivo es identificar claramente la posición en la que se encuentra la empresa en cuanto a gama de productos, precios, venta, distribución, producción, financiación, organización, *marketing*.

Una vez identificadas estas variables, vistas cuáles son fortalezas y cuáles debilidades de la empresa, se podrán marcar los objetivos de un plan de *marketing*. Sin un análisis previo, marcar los objetivos y las posteriores acciones sería como jugar a la lotería.

Tras el análisis pueden resultar diversos objetivos, aunque básicamente serán opciones para resolver un problema o, por otro lado, aprovechar una oportunidad extraída del análisis.

Toma de decisiones

Por ejemplo, una pastelería artesanal local, tras el análisis del macro y microentorno, además de sus propias fortalezas y debilidades, ve la posibilidad de expandirse a toda su comunidad autónoma, y no solo en la tienda del pueblo desde donde vende.

Para tomar la decisión de cómo y cuándo hacerlo, y si la pastelería puede afrontarlo, debe recopilar información de si el público al que quiere dirigirse estaría dispuesto a comprarles a ellos, si ya hay pastelerías artesanas que cubren esa parte del mercado, y sus estrategias, estimando los costos de ampliar la distribución hacia toda la comunidad autónoma y calcular los posibles beneficios, entre otros puntos.

Tras la recopilación de información, esta debe analizarse de forma objetiva y detallada. De este análisis podría extraerse que la pastelería tiene un público objetivo que aprecia la repostería artesanal y no hay casi competencia en toda la comunidad autónoma, o la que hay es pequeña y no tiene capacidad de expansión. En este análisis no solo se estudia el tamaño de mercado y al público, sino también la capacidad de la propia pastelería, el personal, los fondos económicos...

La pastelería ve que, para expandirse, puede hacerlo de varias formas y cada una tiene muchas variables.

Una primera opción es fabricando en el obrador de siempre y distribuir la repostería, contratando el transporte refrigerado y enviarlo a pastelerías ya en funcionamiento o llevarlo a la puerta de casa de cada comprador. Se ha de contemplar que el obrador debe tener capacidad de fabricar más producto y la empresa deberá poder contratar a más trabajadores. El trabajo de comunicación, de darse a conocer, tiene que ser contemplado también.

Una segunda opción es crear franquicias con obrador propio que funcionen como pastelerías locales. Supone una inversión inicial para la empresa, que debe poder hacerle frente, así como saber y poder gestionarla.

Son dos opciones o alternativas para conseguir el objetivo de expandirse dentro de la comunidad autónoma. Habrá que tomar la decisión basada en toda la información que se recopile y considerar no solo los beneficios, sino también los posibles riesgos. Una vez se seleccione la mejor opción, se implementarán las acciones y, como en todo plan de *marketing,* habrá un proceso de seguimiento y control para reformular acciones que no funcionen.

Podemos simplificar la toma de decisión en las siguientes **etapas consecutivas:**

Etapa 1. Identificar el problema u oportunidad

Tras el análisis se detectarán problemas a solucionar u oportunidades que serán el punto de arranque para la toma de decisiones.

Etapa 2. Recopilar

Se deberán recopilar datos relevantes alrededor del problema o de la oportunidad. Se profundizará en datos como la demanda, la competencia, sus estrategias, los posibles beneficios, se estimarán los costos de las alternativas...

Etapa 3. Analizar

Una vez recopilada la información, se pasará a analizar de forma objetiva y en detalle cada alternativa extraída.

Etapa 4. Evaluar

Evaluación de cada alternativa de forma independiente para ver si es viable.

Etapa 5. Seleccionar

Tras evaluar todas las alternativas, se seleccionará la que se considere más apropiada para lograr y alcanzar el objetivo buscado, para que posteriormente se ejecute en el plan de *marketing*.

 **VÍDEO**

Te sugerimos ver un vídeo animado sobre otro caso práctico para aplicar el proceso de toma de decisiones. Accede desde aquí para verlo:

https://redirectoronline.com/comm060323

3.2. Construcción de *funnel* de ventas híbridas (físico + digital)

El *funnel* de ventas o embudo es una representación visual del recorrido por etapas que realiza un cliente potencial desde que conoce una marca o producto hasta que la compra. Entre medias está la consideración de la marca por parte del cliente potencial y la decisión de comprar a una empresa o a otra. Y aún sigue más allá el embudo, el convertir a esos clientes en embajadores o prescriptores de la marca o producto.

Es lógico pensar que, de las personas que empiezan el recorrido al principio del embudo, conociendo la marca, no todos continúan hasta la compra.

En cada una de las etapas por las que el cliente potencial pasa, se le ofrece una experiencia diferente que le va animando a seguir por el embudo. En cada fase, se producen múltiples puntos de contacto entre la empresa y ese cliente, que va a llegar al final de la compra e incluso ser embajador de la marca.

Normalmente este embudo comercial consta de tres **etapas:**

- ➲ **TOFU** *(top of the funnel).* Las acciones que la empresa haga en esta etapa se dirigen a un tráfico frío con el objetivo de darse a conocer, llamando la atención, generando interés.
  Algunas herramientas que se utilizan en esta etapa suelen ser la publicidad en prensa, radio, televisión y las redes sociales, o colaboraciones con líderes de opinión o *influencers,* búsqueda de primeras posiciones en buscadores como *Google,* muestras en los establecimientos... En definitiva, toda herramienta que permita a la empresa darse a conocer.
- ➲ **MOFU** *(middle of the funnel).* En esta etapa del embudo nos encontramos con un tráfico de usuarios que ya nos conocen e incluso han podido interactuar con nosotros a través de las redes sociales, por ejemplo. Es importante y significativo que ya han mostrado algún tipo de interés, por lo que en esta etapa se buscará conseguir transformarlo en prospecto *(o lead),* consiguiendo sus datos de contacto. La ventaja de tener estos datos es que nos podremos comunicar con los usuarios en el momento que estimemos oportuno y no esperar a que ellos lo hagan, aunque un mal tratamiento de estos datos puede provocar que el cliente potencial huya de nosotros y lo perdamos. En esta etapa les ayudaremos a conocer más sobre los beneficios y valor de lo que ofrecemos y que nos valore como una opción de compra.
  Las herramientas más usadas, además de las ya mencionadas en la etapa anterior, son los descargables divulgativos. Por ejemplo, una empresa de productos nutricionales permite descargar una guía de ejercicios al mes para mantenerte en forma, combinándolo con sus productos. Otras herramientas son los webinarios, eventos, encuestas...

 **BOFU** *(bottom of the funnel).* Hasta aquí no han llegado todos los usuarios que empezaron, pero son los que más interés han mostrado; es un tráfico caliente y necesitan unos estímulos finales para efectuar la compra.

 ## DEFINICIÓN

Tráfico frío, tibio y caliente

A los clientes potenciales podemos colocarlos en diferentes niveles de conocimiento sobre los productos y las marcas de una empresa. Se habla de tráfico frío cuando no conocen ni la marca ni el producto. Para ellos no existes, eso no significa que no les puedas llegar a interesar. Luego está el tráfico tibio: han descubierto tu marca pero la tienen que conocer un poco más. Y por último, el tráfico caliente, cuando el cliente te conoce en profundidad y reconoce el valor que ofrece tu marca. Es el mejor momento para cerrar ventas.

En cada una de estas etapas del embudo es fundamental diseñar una buena estrategia para lograr que el máximo número de clientes potenciales pasen a la siguiente etapa.

ACTIVIDAD COMPLEMENTARIA

7. Lee el artículo sobre el *funnel* de conversión y cómo trabajarlo en un restaurante al que puedes acceder desde aquí:

https://redirectoronline.com/comm060324

A continuación, extrae la característica que define a cada etapa: TOFU, MOFU y BOFU, y cómo se puede trabajar en cada una en el caso del sector de la restauración.

3.3. Plan de acción de *marketing*

Una vez se ha analizado el entorno, el mercado y la competencia, y se han marcado los objetivos y definido los públicos a los que nos dirigiremos y la estrategia a seguir, es el momento de diseñar un plan de acción y sus consecuentes acciones de *marketing*.

IMPORTANTE

Un plan de acción de *marketing* es una lista de actividades que se han de realizar para conseguir los objetivos deseados. Esta lista se acompaña de los tiempos para ejecutarlas y los responsables de cada acción.

La descripción de cada una de las acciones de un plan debe recoger, como mínimo, los siguientes datos:

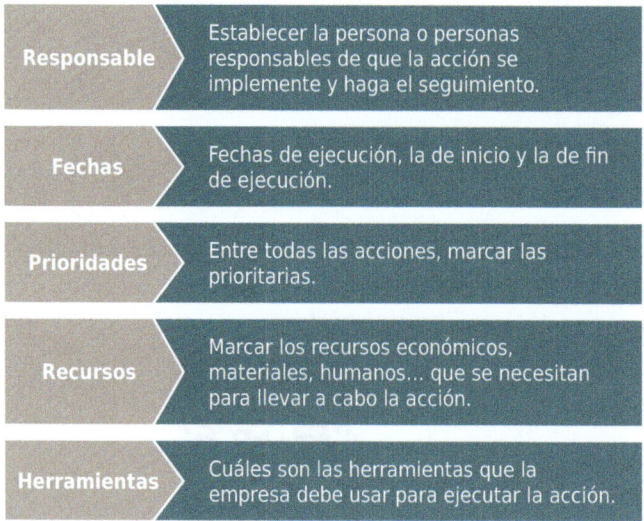

Responsable	Establecer la persona o personas responsables de que la acción se implemente y haga el seguimiento.
Fechas	Fechas de ejecución, la de inicio y la de fin de ejecución.
Prioridades	Entre todas las acciones, marcar las prioritarias.
Recursos	Marcar los recursos económicos, materiales, humanos... que se necesitan para llevar a cabo la acción.
Herramientas	Cuáles son las herramientas que la empresa debe usar para ejecutar la acción.

Ejemplo

Es muy útil organizarlo todo en un cuadro o ficha. Hay variedad de modalidades, pero a modo de ejemplo mostramos una ficha:

- **Situación:** la asociación de piragüismo de San Sebastián ve la necesidad de tener más socios para poder hacer frente a todos los gastos.
- **Objetivo:** que en seis meses aumenten un 25 % los nuevos socios.
- **Estrategia:**

Objetivo	En seis meses aumenten un 25 % los nuevos socios		
Estrategia	Posicionamiento como deporte para todos en cualquier época del año.		
Acción	**Responsable**	**Coste**	**Fechas**
Jornada de puertas abiertas	Socios voluntarios	500 €	Una vez al mes.
Contenido en redes sociales	*Community manager*	0 €	Continuo.
Publicidad en pantalla de autobuses	*Marketing*	2.000 €	Duración: un mes, cada tres meses.
Folleto informativo	*Marketing*	3.500 €	Creación e impresión del folleto para antes de la primera jornada de puertas abiertas donde se distribuirán.

Justo debajo de la ficha podríamos ampliar los campos, principalmente el de las acciones, describiendo en detalle cada una de ellas.

Una vez tengamos diseñadas todas las acciones, es muy recomendable realizar un cuadro resumen que agrupe todas las acciones en el tiempo. Algunos se saltan la ficha anterior expuesta y van directamente a presentar la temporalización de las acciones utilizando el diagrama de Gantt.

Acción	MARZO				ABRIL				MAYO				JUNIO				JULIO				AGOSTO			
	1	2	3	4	1	2	3	4	1	2	3	4	1	2	3	4	1	2	3	4	1	2	3	4
Jornada de puertas abiertas																								
Organización				■			■				■				■				■				■	
Celebración			■			■				■				■				■				■		

Continúa en página siguiente >>

<< Viene de página anterior

Redes sociales

Acción	MARZO				ABRIL				MAYO				JUNIO				JULIO				AGOSTO			
	1	2	3	4	1	2	3	4	1	2	3	4	1	2	3	4	1	2	3	4	1	2	3	4
Definir estrategia	■	■																						
Alimentarlas			■	■	■	■	■	■	■	■	■	■	■	■	■	■	■	■	■	■	■	■	■	■

Publicidad en pantalla del autobús

Acción	MARZO				ABRIL				MAYO				JUNIO				JULIO				AGOSTO			
	1	2	3	4	1	2	3	4	1	2	3	4	1	2	3	4	1	2	3	4	1	2	3	4
Contratación	■																							
Diseño		■																						
Implementación			■	■	■	■													■	■	■			

Folletos informativos

Acción	MARZO				ABRIL				MAYO				JUNIO				JULIO				AGOSTO			
	1	2	3	4	1	2	3	4	1	2	3	4	1	2	3	4	1	2	3	4	1	2	3	4
Diseño	■	■																						
Impresión			■																					
Distribución				■					■				■				■				■			

TAREA 5

La empresa de juegos de mesa ALIAN lanza un nuevo catálogo donde muestra los juegos a los que quiere dar visibilidad. Además, entrevista a algunos *influencers* de ese mundo y hay una sección de explicaciones de los juegos de mesa que están más de moda. ¿Te atreves a crear un plan de acción para el lanzamiento de este catálogo ya preparado para el 25 de agosto? Señala como mínimo dos acciones. Toda la campaña debe durar un máximo de dos meses.

3.4. Evaluación y control de un plan de *marketing*

La evaluación y el control es el proceso mediante el cual nos aseguramos el cumplimiento de los objetivos planteados en un plan de *marketing.*

Esta evaluación y control de las acciones implementadas se realiza durante toda la ejecución del plan de *marketing,* no solo al final, ya que así podremos hacer los ajustes necesarios para lograr cumplir los objetivos. Esto quiere decir que debemos monitorizar las acciones que se van implementando para luego pasar a su evaluación. Para hacerlo, nos ayudaremos de los KPI.

 **DEFINICIÓN**

KPI

Las siglas KPI son de *Key Performance Indicators* que, traducido al castellano, son indicadores clave de rendimiento. Son los puntos o aspectos que vamos a medir para comprobar si se cumplen los objetivos. Su desviación de los parámetros que establecemos como correctos hará que se tomen acciones correctoras o preventivas.

- -

Lo primero que debemos hacer es crear una hoja de ruta para saber los pasos que tenemos que seguir para implementar correctamente nuestro análisis.

Para establecer nuestros indicadores de seguimiento, es aconsejable hacernos tres preguntas básicas:

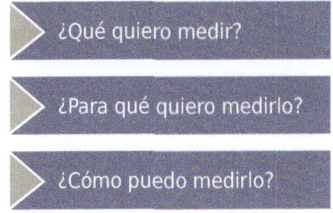

¿Qué quiero medir?

¿Para qué quiero medirlo?

¿Cómo puedo medirlo?

En términos generales, la información que recojamos de los indicadores debe tener los siguientes atributos:

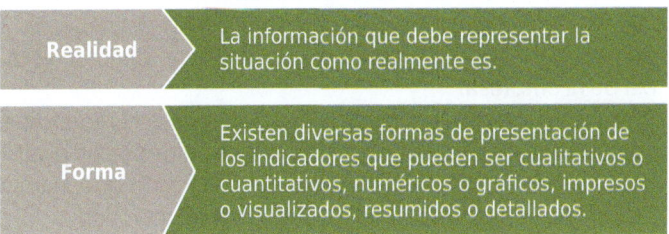

Realidad La información que debe representar la situación como realmente es.

Forma Existen diversas formas de presentación de los indicadores que pueden ser cualitativos o cuantitativos, numéricos o gráficos, impresos o visualizados, resumidos o detallados.

Continúa en página siguiente >>

<< Viene de página anterior

Frecuencia	Es la medida del intervalo de análisis del indicador, cada cuánto y cuándo se mide.
Diferenciación	Cada indicador debe ser único.
Interpretación	Definir claramente para qué se quiere medir.
Valores	Señalarán máximos o mínimos que permitan el control de las acciones y medir y cuantificar el progreso de nuestros objetivos.

Ventajas

Es muy importante elegir bien los indicadores, ya que pueden marcar una mala o una buena analítica del plan de *marketing*.

Algunas de las **ventajas** de establecer KPI o indicadores pueden ser:

- **Medición del rendimiento.** Los KPI permiten medir el rendimiento real frente a los objetivos establecidos en el plan de *marketing*. Esto proporciona una visión clara de cómo de bien está funcionando cada componente del plan.
- **Toma de decisiones informados.** Al contar con datos específicos y métricas, podemos tomar decisiones más informadas. Pueden identificarse rápidamente qué estrategias están funcionando y cuáles necesitan ajustes.
- **Optimización de recursos.** Los KPI ayudan a asignar recursos de manera más efectiva. Al conocer el rendimiento de cada canal o campaña, los especialistas en *marketing* pueden redistribuir presupuestos para maximizar el retorno de la inversión (ROI).
- **Alineación con objetivos.** Los indicadores permiten alinear las actividades de *marketing* con los objetivos generales del negocio. Esto asegura que las estrategias de *marketing* contribuyan directamente al éxito global de la empresa.
- **Identificación de oportunidades y desafíos.** Al monitorear constantemente los indicadores que la empresa se marque, es posible identificar oportunidades emergentes o desafíos antes de que sean críticos. Esto facilita la adaptación rápida a cambios en el mercado.
- **Seguimiento del ciclo de vida del cliente.** Los KPI pueden ayudar a rastrear y comprender el ciclo de vida del cliente. Desde la compra hasta

la fidelización, se pueden establecer KPI específicos para cada etapa, lo que permite un enfoque más completo en la experiencia del cliente.

- **Evaluación de efectividad de campañas.** Los indicadores proporcionan una manera objetiva de evaluar la efectividad de las campañas de *marketing*. Se pueden medir conversiones, tasas de clics, interacciones en redes sociales, entre otros aspectos, para determinar el impacto real de las iniciativas.
- **Mejora continua.** La monitorización constante de KPI permite la mejora continua. La empresa puede ajustar sus estrategias en tiempo real según los resultados obtenidos, lo que lleva a un proceso de optimización constante.
- **Transparencia y comunicación.** Los indicadores también fomentan la transparencia y la comunicación dentro de los equipos de *marketing* y con otros departamentos. Todos pueden tener acceso a los mismos datos clave, lo que facilita la colaboración y el entendimiento compartido de los objetivos.
- **Demostración de ROI.** Los KPI son fundamentales para demostrar el retorno de la inversión en *marketing*. Esto es esencial para justificar los gastos y mantener la confianza de los accionistas y la alta dirección.

DEFINICIÓN

ROI

Es la abreviatura en inglés de *Return on Investment*, que se traduce al español como "retorno de la inversión". Es una métrica financiera utilizada para evaluar la rentabilidad o eficacia de una inversión en relación con sus costos. La fórmula básica del ROI es:

[(ganancia de inversión - costo de inversión) / costo de la inversión] / 100.

El resultado se expresa como un porcentaje y representa el rendimiento relativo de una inversión en términos de beneficios generados en comparación con los costos incurridos. Un ROI positivo indica que la inversión ha generado ganancias, mientras que un ROI negativo significa que la inversión ha generado pérdidas.

IMPORTANTE

Lo que no se puede medir no se puede mejorar.

Tipos de indicadores

Ante la pregunta de qué medir, la respuesta siempre será que mediremos dependiendo de nuestros objetivos. Estas mediciones se recogen en tablas que nos facilitarán su análisis y control.

Podemos hablar de dos **tipos de indicadores:**

Cualitativo	Los indicadores cualitativos son medidas subjetivas que se utilizan para evaluar aspectos no numéricos de una estrategia de *marketing*. Estos indicadores proporcionan información cualitativa y describen cualidades o características más subjetivas. Suelen usarse para medir el nivel de satisfacción de un producto o su calidad.
Cuantitativo	Los indicadores cuantitativos son medidas numéricas y objetivas que se utilizan para cuantificar resultados o aspectos específicos de una estrategia de *marketing*. Estos indicadores se expresan en términos de cantidades numéricas y son medibles de manera cuantitativa. Están enfocados a la eficiencia y a la mejora de resultados.

Vamos a adentrarnos más en los indicadores mostrando **ejemplos** de ambos tipos, teniendo en cuenta diferentes áreas de trabajo de una empresa:

Ejemplos de indicadores cualitativos
- Satisfacción del cliente: opiniones, comentarios y testimonios de clientes sobre la calidad del producto y servicio.
- Reputación de la marca: percepción de la marca en el mercado, asociaciones positivas o negativas.
- Calidad de las relaciones con clientes: evaluación de la interacción y la relación entre la empresa y sus clientes.
- *Feedback* de la campaña publicitaria: opiniones y reacciones a anuncios y mensajes de *marketing*.
- Reconocimiento de marca: grado en el que la marca es reconocida y recordada por el público objetivo.
- Sentimiento en redes sociales: análisis de comentarios y menciones en plataformas sociales para evaluar la percepción general.

Continúa en página siguiente >>

<< *Viene de página anterior*

Ejemplos de indicadores cuantitativos
- Ventas: monto total de ventas, unidades vendidas, ingresos generados.
- Participación de mercado: porcentaje de la cuota de mercado que la empresa ocupa en comparación con la competencia.
- Retorno de la inversión (ROI): relación entre los beneficios obtenidos y los costos de la inversión en *marketing*.
- Tráfico del sitio web: número de visitantes únicos, páginas vistas, tasa de rebote.
- Generación de *leads:* número de clientes potenciales captados a través de estrategias de *marketing*.

 **EJEMPLO**

Siguiendo el caso de la asociación de piragüismo trabajado en el punto anterior, los indicadores a estudiar para saber si nos hemos desviado de nuestro objetivo pueden ser los siguientes:

Área	Indicador
Jornada de puertas abiertas	N.º de asistentes.
	Contabilizar inscripciones nuevas de socios.
	N.º de encuestas respondidas.
Redes sociales	N.º de me gustas y comentarios.
	Aumento de seguidores.
Publicidad en la pantalla del autobús	N.º de apariciones por día.
	Líneas de autobús en los que aparece.
	Asistencia a las jornadas por la publicidad en el autobús.
Folletos informativos	N.º de folletos entregados.

En resumen, el análisis y el control de un plan de *marketing* son procesos continuos que ayudan a una empresa a entender su entorno, evaluar su desempeño y tomar decisiones sopesadas para ajustar su estrategia de *marketing* con el fin de lograr el éxito a largo plazo.

 **APLICACIÓN PRÁCTICA**

El departamento de *marketing* de Sol Naranja se ha puesto en marcha en el diseño de todo el plan de *marketing* y ve necesario marcar los indicadores que les interesan medir y comprobar que se están cumpliendo los objetivos. Han redactado una serie de indicadores cualitativos, que son resultados objetivos, y cuantitativos, que son más subjetivos.

Pide a la persona de prácticas que separe de una lista los indicadores cualitativos para ser interpretados con más detenimiento.

¿Puedes ayudar a la persona de prácticas a identificar el o los indicadores cualitativos?

Comentarios sobre el proceso de venta.

- **Número de clientes captados.**
- **Opiniones de los anuncios de *Facebook*.**
- **Costos de la inversión en publicidad.**

Solución

Los indicadores cualitativos son medidas subjetivas y se usan para evaluar aspectos no numéricos describiendo cualidades. Suelen ser aquellos que recogen opiniones, comentarios, grados de satisfacción, interacción del cliente con la empresa...

Los cuantitativos son medidas numéricas y objetivas que se emplean para cuantificar resultados y se expresan en términos de cantidades numéricas. Suelen ser ventas, número de clientes que han hecho algo, costos de producción, publicidad...

4. Resumen

La evolución del sector tecnológico es algo que no podemos negar, como tampoco podemos discutir que esta evolución ha tenido un impacto, positivo o negativo, en nuestros hábitos de consumo y en la forma en la que nos relacionamos con otras personas y con las marcas o empresas.

Esta evolución ha provocado que, sobre todo, las empresas quieran conocer los hábitos de consumo, sus necesidades y el comportamiento de su público objetivo para adecuarse a sus requerimientos y así posicionarse como referentes dentro de su sector.

Aunque todos los consumidores digitales tienen las mismas características, también deberemos tener en cuenta que cada uno también tiene unas actitudes y comportamientos diferentes, lo que da lugar a distintos tipos de consumidores.

Los tipos de consumidores digitales más habituales que encontraremos en internet son:

Podemos decir que los principales factores que influyen en las decisiones de compra de los clientes digitales son:

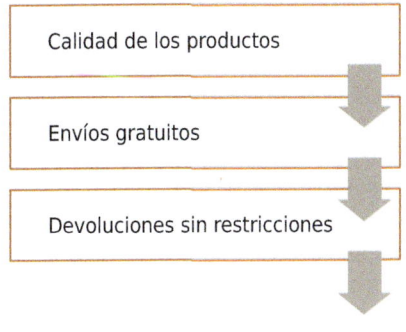

Continúa en página siguiente >>

[189]

<< Viene de página anterior

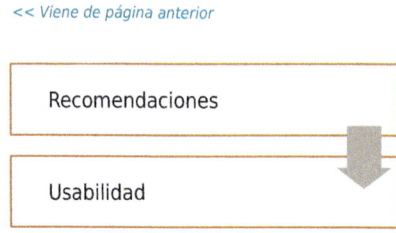

Toda acción de *marketing* tiene las mismas posibilidades fracasar que de triunfar, la diferencia habitualmente se encuentra en el cuidado que pongamos al crearla.

Esto mismo sucede con las estrategias omnicanal, por lo que a continuación describiremos algunos errores que se suelen cometer y que provocan que la estrategia fracase:

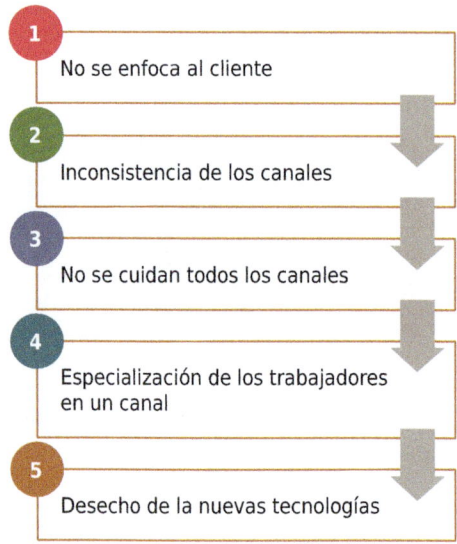

Todas las acciones que llevan a cabo las empresas se enfocan en atraer al cliente o consumidor hacia su marca de manera que estos pasen de ser clientes satisfechos a clientes recurrentes, tratando de convertirlos en prescriptores o fans de nuestra marca.

El problema principal es que, para conseguir alcanzar ese grado de compromiso de nuestros clientes, tenemos que conocerlos a ellos además del comportamiento que tienen para darles la solución más adecuada a sus necesidades en el momento en el que se produzcan, para lo cual debemos estar preparados para conseguirlo.

Mediante el ciclo de vida del cliente *(customer journey)* las empresas tratan de llevar a cabo un análisis del comportamiento de los clientes y de los sentimientos que nuestros productos o servicios les provocan.

El usuario pasa por cinco etapas desde que descubre a la marca hasta que se convierte en un cliente fiel o prescriptor de la misma.

Un *customer journey* nos ayudará a conocer cómo actúan y piensan, y lo que sienten los usuarios cuando interactúan con nuestra marca o empresa. Además, también nos aportan otros beneficios como:

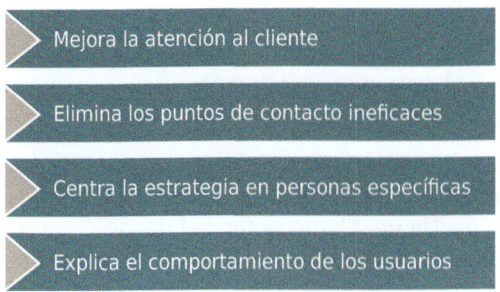

Cuando hablamos de herramientas de medición digital, directamente pensamos en *Google Analytics,* pues nos centramos en la recopilación de datos y en la realización de informes, sin pararnos a pensar qué datos son los más adecuados y para qué los vamos a utilizar posteriormente.

Podemos definir la analítica como una disciplina que, mediante la medición, el análisis y los informes genera conocimiento e influye en las decisiones estratégicas de la empresa. Es decir, la analítica nos ayuda a analizar la actividad que realizamos con el objetivo de que esta se enfoquen en resultado.

El plan de *marketing* es la primera piedra que poner cuando buscamos que nuestra empresa tenga éxito. Contar con una hoja de ruta donde planifiquemos las estrategias y acciones a seguir para conseguir lo que se desea evitará que demos pasos inútiles, sin rumbo.

Es un documento escrito en el que se recogen estrategias, estudios, objetivos, públicos, acciones, entre otros puntos, y que resulta imprescindible para dar forma a esa hoja de ruta que nos hemos plateado como válida y conseguir llegar a nuestra meta.

Las premisas que, como mínimo, debe contar un plan de *marketing* son:

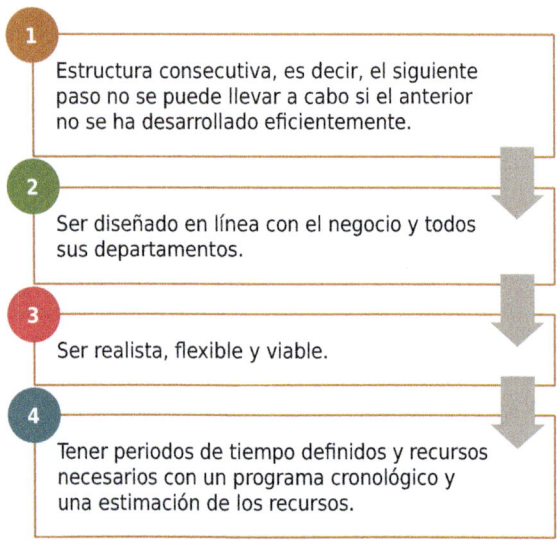

1. Estructura consecutiva, es decir, el siguiente paso no se puede llevar a cabo si el anterior no se ha desarrollado eficientemente.

2. Ser diseñado en línea con el negocio y todos sus departamentos.

3. Ser realista, flexible y viable.

4. Tener periodos de tiempo definidos y recursos necesarios con un programa cronológico y una estimación de los recursos.

El *funnel* de ventas o embudo es una representación visual del recorrido por etapas que realiza un cliente potencial desde que conoce tu marca o producto hasta la compra. Entre medias está la consideración de tu marca por parte del cliente potencial y la decisión de comprarte a ti. Y aún sigue más allá el embudo, el convertir a esos clientes en embajadores o prescriptores de tu marca o producto.

Una vez se ha analizado el entorno, el mercado y la competencia, y se han marcado los objetivos y definido los públicos a los que nos dirigiremos y la estrategia a seguir, es el momento de diseñar un plan de acción y sus consecuentes acciones de *marketing.* Un plan de acción de *marketing* es una lista de actividades que se han de realizar para conseguir los objetivos deseados. Esta lista es acompañada de los tiempos para ejecutarlas y los responsables de cada acción.

Una vez tengamos diseñadas todas las acciones, es muy recomendable realizar un cuadro resumen que agrupe todas las acciones en el tiempo. Algunos se saltan la ficha que se puso como ejemplo en esta unidad y van directamente a presentar la temporalización de las acciones utilizando el diagrama de Gantt.

El análisis y control de un plan de *marketing* son procesos continuos que ayudan a una empresa a entender su entorno, evaluar su desempeño y tomar decisiones con fundamento para ajustar su estrategia de *marketing* con el fin de lograr el éxito a largo plazo.

Ejercicios de autoevaluación
Unidad de Aprendizaje 3

1. Indica si las siguientes oraciones son verdaderas o falsas:

a. Los clientes digitales necesitan tocar el producto antes de comprarlo.

   - ■ Falso
   - ■ Verdadero

b. La evolución de la tecnología ha provocado que las empresas quieran conocer el comportamiento del usuario.

   - ■ Falso
   - ■ Verdadero

c. Los clientes tradicionales dejan pistas acerca de su comportamiento.

   - ■ Falso
   - ■ Verdadero

d. El cliente digital se caracteriza por ser infiel.

   - ■ Falso
   - ■ Verdadero

2. Si nos referimos al tipo de cliente que rechaza los términos demasiado formales y corporativos, estamos hablando del...

a. ... cliente humanizado.
b. ... cliente impulsivo.
c. ... cliente independiente.
d. ... cliente poderoso.

3. Los consumidores digitales comparten unas características, pero tienen otros elementos que los hacen únicos, que son...

a. ... el comportamiento y sus capacidades.
b. ... las actitudes y el comportamiento.

    c. ... las actitudes y sus capacidades.
    d. ... sus capacidades y las aptitudes.

4. El consumidor deseado por cualquier empresa es el denominado:

    a. Comprador
    b. Fiel
    c. Ocasional
    d. Racional

5. Se recomienda que el servicio posventa sea...

    a. ... multicanal.
    b. ... omnicanal.
    c. ... presencial.
    d. ... telefónico.

6. El plan de *marketing*...

    a. ... es un documento escrito.
    b. ... deberían tenerlo hasta las empresas más pequeñas.
    c. ... involucra a todos los departamentos.
    d. Todas las opciones son correctas.

7. Las etapas de un plan de *marketing* son...

    a. ... independientes.
    b. ... consecutivas.
    c. ... aleatorias.
    d. Las opciones a y c son correctas.

8. Una característica que debe tener un plan de *marketing* es que...

    a. ... sea realista y viable.
    b. ... tenga los periodos de tiempo definidos.
    c. ... disponga de una estructura consecutiva.
    d. Todas las opciones son correctas.

9. El análisis externo de un plan de *marketing* incluye:

a. La posición de la marca o empresa en el mercado.
b. El establecimiento de los precios de los productos.
c. El marco legal.
d. Las necesidades de contratación de la empresa.

10. Un indicador clave de rendimiento (KPI) debe...

a. ... ofrecer una visión parcial de la situación de la empresa.
b. ... ayudar en la toma de decisiones.
c. ... establecer los objetivos empresariales.
d. ... definirse una vez llevado a cabo el plan de *marketing*.

Glosario

Capacidad ociosa o no utilizada
Capacidad de producción de una empresa generadora de productos o servicios que no se utilizan pero que están disponibles.

Ciclo de vida de productos
Evolución de las ventas de un producto a lo largo del tiempo, que sigue una serie de etapas y que tiene unas características bien definidas y diferenciadas. Estas son: introducción del producto, crecimiento, madurez y declive del mismo.

Economía de escala
Producir mayor cantidad de productos a un menor coste de producción.

Embudo de venta
Fases por las que pasa un comprador potencial hasta que ejecuta la compra. Estas fases se definen como atracción, interacción, conversión y fidelización.

Infografía
Es una representación visual de información, que se presenta de forma clara y concisa, y puede incluir elementos como gráficos, imágenes, texto y números.

Investigación comercial
Es un proceso objetivo y controlado para conocer información relevante del entorno de la empresa (mercado, competencia o consumidores) y que le sirva para tomar decisiones comerciales.

Lead
Es el contacto de un cliente potencial; pueden ser sus gustos y deseos.

Marketing moderno
Disciplina empresarial que busca satisfacer las necesidades actuales y futuras de los clientes de manera más rentable y eficaz que la competencia.

Mercado saturado
Existen muchos vendedores o marcas compitiendo en el mismo nicho de mercado.

Mercado virgen
No existe competencia o es muy escasa.

Podcast
Son grabaciones de audio que se asemejan a la radio, pero se consumen cuando el usuario lo desea y se transmiten por plataformas digitales. Algunas veces se graban también con imágenes.

Posicionamiento de pago
Posicionamiento por el que se paga a través de *Google Ads,* para el caso del buscador *Google.* También llamado SEM.

Posicionamiento orgánico
Es el llamado SEO, no se paga por él.

Público objetivo o *target*
Conjunto de personas con ciertas características comunes y que las empresas consideran que podrían estar interesados en sus productos o servicios. De esta forma, al enfocar sus estrategias hacia ellos, podrían convertirse en clientes.

Punto de contacto con la marca
Es cualquier situación en la que un cliente entra en contacto con la marca, bien antes, durante o después de la adquisición del producto o servicio.

Segmento o nicho de mercado
Grupo de personas homogéneas entre sí a las que, por tener cualidades semejantes, la empresa dirigirá su estrategia para obtener los objetivos que desea.

Bibliografía

Monografías

→ ADES, L.: *Manual del vendedor profesional*. Barcelona: Editorial Deusto, 2005.

> Análisis del vendedor tanto de producto como de un servicio o una idea, que explora cómo siendo estos vendedores la fuerza motriz de las empresas descuidan su formación y la comunicación interpersonal. Es un libro interesante para recoger ideas de base para comenzar una carrera en ventas.

→ ESCRIBANO, G., ALCARAZ, J. I., CUESTA, Q.: *Políticas de marketing*. Barcelona: Paraninfo, 2022.

> Libro centrado en el aprendizaje del alumnado sobre las políticas de *marketing*. Se inicia con el análisis del entorno y la competencia para centrarse en las diferentes variables del *marketing mix*, terminando con una visión en conjunto de lo estudiado y aplicado al plan de *marketing*.

→ GONZÁLEZ, F. J.: *Guía completa de inbound marketing: El camino hacia la visibilidad, el crecimiento y el éxito empresarial*. S. L.: Editorial Independently published, 2023.

> Muestra las diferentes estrategias de *inbound marketing* tanto para principiantes como para estrategias más avanzadas. Mediante su lectura podrás definir tu público objetivo, desarrollar estrategias de captación, convertir a los visitantes y sobre todo fidelizar a tus clientes.

→ KOTHLER, P., KATAJAYA, H., SETIAWAN, I.: *Marketing 5.0*. Madrid: Editorial Lid, 2021.

> Interesante lectura donde se analizan las tendencias y los hábitos de los usuarios que han cambiado radicalmente debido a la incorporación de las nuevas tecnologías y las redes sociales, de manera que las empresas deben cambiar sus estrategias para tratar de llegar a ellos y posicionarse en su mente como referentes. Los autores presentan diferentes formas de utilizar la tecnología para satisfacer las necesidades no materiales de los clientes.

→ KOTHLER, P.: *Dirección de Marketing*. S. L.: Addison-Wesley, 2016.

> Un manual básico que explora los principios del *marketing* en productos y servicios; mercados de consumo y de negocios; grandes y pequeñas empresas; organizaciones no gubernamentales, etc.

→ LAMBIN J., SCHUILING I.: *Market-Driven Management: Strategic and Operational Marketing*. Madrid: Palgrave Macmillan, 2012.

> Libro que, motivado por la creciente complejidad de los mercados, la globalización, la desregulación y el desarrollo del comercio electrónico, cuestiona el concepto tradicional de las 4 P y los roles de los departamentos de *marketing*. Tiene una amplia perspectiva con casos internacionales y recursos complementarios en línea.

→ RIES, A., TROUT, J.: *La batalla por su mente*. Madrid: McGraw-Hill, 2005.

> Libro esencial que introdujo el concepto de posicionamiento. Publicado en 2005, sigue estando vigente y es la "biblia" de comerciantes y publicistas.

→ RIES, A., TROUT, J.: *Las 22 leyes inmutables del marketing*. Madrid: McGraw-Hill, 2000.

> Los autores ofrecen 22 leyes que analizan casos de éxitos y fracasos internacionales con todo detalle, añadiendo sus ideas sobre cómo los fracasos hubieran tenido mejores resultados.

Textos electrónicos, bases de datos y programas informáticos

→ *Marketing* de atracción 2.0.: Cómo conseguir tus objetivos *online* con el mismo presupuesto, de:
<https://www.bubok.es/libros/211428/marketing-de-atraccion-20>.

> Óscar del Santo nos acerca hacia los nuevos paradigmas y nuevas reglas para conectar entre las marcas y los consumidores; habla de emociones, experiencias y vínculos más estrechos.